図式的表現期における子どもの画面構成プロセスの研究
――視覚的文脈と物語的文脈に着目して――

栗山　誠　著

風間書房

目　次

序章　研究の背景……………………………………………………………1
　第1節　生活・保育・教育の中の描画活動 ……………………………1
　第2節　描画活動に消極的になる子どもの存在 ………………………2
　第3節　描画表現に消極的になる子どもの要因 ………………………5
　　（1）大人の期待（リアリズムの観点による大人からの評価）　5
　　（2）自己認識の発達　6
　　（3）情報のインプットとアウトプットの問題　7
　　（4）言葉の発達と形態概念（図式）獲得の問題　9
　　（5）画面空間の認識の変化　11
　第4節　図式的表現期の課題整理 ………………………………………13
　引用文献………………………………………………………………………14

第Ⅰ部　基礎的研究
第1章　研究の目的と特徴…………………………………………………19
　第1節　研究の目的…………………………………………………………19
　第2節　研究の特徴…………………………………………………………20
　　（1）描画過程への注目　20
　　（2）描画における遊び活動への注目　25
　第3節　研究の方向と構成 ………………………………………………31
　引用文献………………………………………………………………………33

第2章　意図と解釈〜物語的な文脈へ……………………35
　第1節　本章の概要………………………………………35
　第2節　対象を見ることと記憶…………………………35
　第3節　描くことと記憶…………………………………37
　第4節　描画時における記憶と「知っていること」……40
　　（1）記憶　40
　　（2）何を描いているのか〜言語発達との関連　43
　　（3）何を描いているのか〜内的モデル　46
　　（4）何を描いているのか〜身体的感覚との関連　50
　　（5）何を描いているのか〜情動との関連　53
　　（6）「知っていること」とは何をさすのか〜まとめ　54
　第5節　描く行為を'見る'…………………………………55
　第6節　意図と解釈………………………………………56
　第7節　描画における認知処理のプロセス……………59
　第8節　観念の連合〜物語的文脈へ……………………60
　第9節　まとめと課題……………………………………62
　引用文献……………………………………………………63

第3章　描画の視覚的な情報〜視覚的文脈へ……………65
　第1節　本章の概要………………………………………65
　第2節　研究方法…………………………………………65
　第3節　描画手順と文脈…………………………………66
　　（1）描画手順について　66
　　（2）描画単位の選択による文脈性　67
　　（3）描き順と文脈との関連　72
　　（4）大きさによる文脈性　77
　第4節　形態と空隙の情緒的内容 ………………………80

（1）形態の情緒的内容　　80
　　　（2）基礎平面と異方性　　82
　　　（3）基礎平面の異方性についての検証　　86
　　　（4）バランスの視覚的情報　　90
　　第5節　繰り返して描く子どもの発達的特性 …………………………97
　　第6節　まとめ〜視覚的文脈の流れを作るもの ………………………99
　　引用文献……………………………………………………………………100

第4章　描画過程における触覚性……………………………………………103
　　第1節　本章の概要………………………………………………………103
　　第2節　図式的表現期における非図式的要素 …………………………104
　　　（1）描画過程に見られる非図式的要素　　104
　　　（2）調査方法　　105
　　　（3）結果　　107
　　　（4）考察　　110
　　第3節　触覚と視覚の関連に関する先行研究 …………………………114
　　第4節　描画過程における触覚性 ………………………………………116
　　第5節　まとめ……………………………………………………………117
　　引用文献……………………………………………………………………118

第Ⅱ部　画面構成過程の臨床的研究
第5章　描画プロセス分析シートによる描画過程の分析………………123
　　第1節　はじめに〜分析の手がかり ……………………………………123
　　第2節　描画過程の研究方法 ……………………………………………124
　　　（1）「描画プロセス分析シート」の概要と特質　　124
　　　（2）「描画プロセス分析シート」の作成手順　　126
　　　（3）研究対象とする描画タイプと分析シート　　127

第3節　描画プロセス分析シートの結果 …………………………………128
第4節　シートから見えた描画を楽しむ子どもの特徴 ……………………155

第6章　画面構成過程における意味の変化 …………………………………157
第1節　本章の概要……………………………………………………………157
第2節　研究の実際……………………………………………………………157
第3節　描画プロセス分析シートからの考察………………………………158
　（1）部分と全体の意識について　158
　（2）描画手順の影響　162
　（3）部分と部分の関連付け　165
第4節　成果と課題……………………………………………………………169
引用文献…………………………………………………………………………170

第7章　物語性と画面構成の関係 ……………………………………………171
第1節　本章の概要……………………………………………………………171
第2節　画面の捉え方について ………………………………………………172
第3節　本来見えない部分を描いてしまう描画の先行研究 ………………175
　（1）知的リアリズムに要因があるとする見方　175
　（2）視覚の本質的機能に由来するという見方　179
　（3）触覚的な認識からくる描き方　181
　（4）先行研究の成果と課題　182
第4節　物語的文脈が画面構成過程に及ぼす影響に関する調査 …………183
　（1）調査1　描画プロセス分析シートからの考察　183
　（2）調査2　物語の手順の変更が画面構成に及ぼす影響についての実験
　　　　　　　的検証　185
第5節　まとめ…………………………………………………………………188
引用文献…………………………………………………………………………189

目　次　v

第8章　描画過程にみられる「動きのイメージ」…………………………191
第1節　本章の概要……………………………………………………………191
第2節　本章の研究の実際と対象 ……………………………………………192
第3節　描画プロセス分析シートからの考察 ………………………………192
　　（1）動きのイメージと図式の変化　193
　　（2）図式からの動きイメージの連想　196
　　（3）身振りによる動きの表現　196
　　（4）画面構成と動きイメージ〜異なる時間を一つの画面に　197
　　（5）画面構成と動きイメージ〜異なる場面を一つの画面に　198
　　（6）時間の経過を表す絵画について　199
第4節　まとめと課題 …………………………………………………………201
引用文献………………………………………………………………………203

第9章　身振りと描画表現の関連 ……………………………………………205
第1節　本章の概要……………………………………………………………205
第2節　研究の方向……………………………………………………………206
第3節　描画における身振り表現の先行研究 ………………………………207
　　（1）子どもの描画研究について　207
　　（2）描画途中の劇化と身振り表現　208
　　（3）シンボルの形成と身振り行為についての研究　209
　　（4）癒着した表現系　211
第4節　実証的研究……………………………………………………………212
　　（1）調査の方法　212
　　（2）考察　212
第5節　まとめ…………………………………………………………………221
引用文献………………………………………………………………………222

終章……………………………………………………………………223
　第1節　描画のリアリティについて ……………………………223
　第2節　図式期の描画の捉え直し………………………………225
　第3節　今後の課題………………………………………………227

あとがき………………………………………………………………229

序章　研究の背景

第1節　生活・保育・教育の中の描画活動

　子どもは，自発的に目の前にあるモノや環境に関わることを楽しみ，自分なりに形（環境）を変化させていく「遊び」を日常的に展開する。そうしたことは，子どものライフワークであり生きる喜びの一つであるといえる。描画活動も，モノ（描画材や画用紙など）に関わる遊び活動の一つとしてとらえるなら，その活動の場と時間は保証されるべき重要な活動として位置づけられ，大人から励まされ，支援されなければならない。また描画活動は自分の思いを画面上で自己実現していく体験であると同時に，自己の心情を視覚的に表わし，感じたことを誰かに伝えたり共有したりする自己表現活動でもある。そうしたことは，子どもの成長にとって重要な意味を持つ。したがって，親や保育者など大人にとって，子どもの描画行為は，個々の子どもを理解する機会となり，良好な信頼関係を築くベースとなり得るものといえる。

　教育・保育現場では，子どもの描画への関わりを保障するため，綿密な保育計画を立てて，技術指導を細かく行なうところもある。しかし，そこで大人の一方的な観点から子どもの表現活動を計画したり，励ましたりすると，子どもの描画表現は阻害されることにもなりかねない。実際に多くの保育者は，子どもが図式的表現期を過ぎて描画に対して意欲を失い，個性が感じられない絵になっていく事実を目の当たりにして戸惑いを覚えている。大人が「子どものために」努力すればするほど，子どもの表現は萎んでいくこともあるのである。一方で，子どもは自由にすればよいという考えのもと，自由奔放に子どもの描画表現を放任すると，描くことが得意な子どもは自発的に

次々に描くのだが，描画に消極的な子どもは紙を前にしてもなかなか描き出せないまま終ることもある。

　以上のような，教育・保育現場の指導上の戸惑いは，家庭で子どものお絵描き遊びを見守る保護者の思いとも一致する。すなわち「自由にのびのび描いてほしい」，でも「本物のように'上手に'描いてほしい」という具合である。しかし結局のところ，保育者も保護者も共通して願うことは，「感じたことや考えたことを自分なりに絵で表現することを楽しんでほしい。また意欲的に描ける子どもに育ってほしい」という思いが根本にあるのではなかろうか。

第2節　描画活動に消極的になる子どもの存在

　子どもの描画活動をとおして子ども理解を深める機会を得ることができることを前節で述べたが，筆者は，子育て支援の現場において，子どもの創造活動，特に描画活動について保護者からひんぱんに相談を受けることがある。その一つは「絵を描かない子どもへの対応はどのようにしたらよいのか」というものである。また保育・教育現場においても，描画指導を行う上で「子どもの描画活動をどのように指導・援助したらよいのか分からない」「子どもにとって絵を描く楽しみとは何か」という教師の話をよく聞く。何年も子どもに関わるベテランにおいても同じ悩みを持つ場合が多い。これらは子どもの描画活動に関して，大人の一方的な分析と子どもの思いにズレが生じているということであり，これまでの子どもの描画に対する見方へのアプローチの限界を示している。

　そもそも子どもたちはどのように画面の上に形態を作り出し，自分の心情や感性に合う絵を描くようになるのだろうか。一般的な発達を説明すると，なぐり描きからはじまる子どもの描画表現の発達は，点，線，図形，集合形，結合形へと道を辿り，その繰り返しと組み合わせの体験の中から，やがて人

物，事物，空間，色彩についての，一定の図式的な形態概念を形成するようになる。それは反復によっていつも同じような描き方になり，個性的な形態になってくる。そして以後，自分で作り上げた形態をもとに，自らの思いをさらに表現しようとする。また画面全体の構図としては，最初はバラバラに形や色を扱っていたのが，年齢が進むにつれて，それらを一つの画面上に関連づけ，形や色，トーン，質感を全体的にまとめようと調整することもし始める。やがて3次元の空間を2次元画面に表すための工夫や技術を取り入れて自己表現を試みるようになる。

以上の流れを描画の発達画期としてまとめると，画面に感覚的に関わること自体を楽しむ「感覚運動期」につづき，現実にあるものやイメージしたこと（人物や静物など）になぞらえて，画面に描き表わそうとするリアリズム期に移行する。ただし，おおむね4歳～7歳頃は，現実にあるものを，見たままに表現するのではなく，頭の中に概念を組み立て，それを図式として表現するので，「図式的表現期」あるいは，「知的リアリズムによる表現期」ということができる。そして，その後に訪れる「写実的表現期」あるいは，「視覚的リアリズムによる表現期」と区別されるのが一般的である。

実際に多くの子どもは描くことを楽しみながらごく自然に上記の道を辿る様子がみられる。しかし，保育・教育現場では絵を描いて自己表現を楽しむ子どもと，描くことに消極的な子どもの存在があったり，自由に描いていた子どもがある時期になると急に描かなくなったりすることもありうる。このように子どもの描画では自然に発達する側面もあるが，一方で創造を阻害する個人的な要因，環境的な要因が何か存在すると思われる。

小田久美子／高橋敏之は2歳児から6歳児の造形表現に躊躇する子どもの実態を調査し，年齢が高まるにつれその割合が増加することを示した[1]。その調査によると描画活動に消極的になるのは5～6歳時期の図式を盛んに使う表現期（図式期）に多くなっている。また小田は4歳以上の学級担任をしている保育者に対し，絵画表現が苦手であると判断する基準について調査し，

次のような意見をまとめている。1．泣いて活動ができなくなったり自分から進んで取り組めない。2．描きはじめるのに時間がかかる。3．笑顔が無くなり楽しそうではない。4．モノや形が描けない。5．「何を描けばいいの？」「描けない」等の言葉を繰り返す。以上であるが，筆者の日頃の保育実践の中や，保育者や保護者との研究会においても小田の調査と同様の意見が多く出されている。

　この自分なりに図式を開発し，それを駆使して描くようになる図式的表現期にはいったい何が起こるのだろうか。多くの子どもが家庭，保育・教育現場において描画活動を楽しむようになる一方，今まで楽しんでいたにもかかわらず，ためらうようになる子どもも現実に出てくる。そうしたことは，この画期にいる子どもたちの，描画に対する意識が明確になってくる時期であることを示している。そしてこの図式的表現期に，人（子ども）と描画との関係を探る重要なヒントがあるように思われる。

　描画をためらう幼児については，その原因や対処方法など，これまで様々なところで議論されてきた。一方で描画に積極的な幼児については，特に問題ないとみなされ，あまり研究の対象にされてこなかった。本研究は，後者の，描画に楽しみを見出す子どもに焦点を当て，なぜ「楽しんで描くのか」という観点から，子どもと描画の関係を見ていこうとしている。ただしかし，先に述べたように，図式的表現期以降，描画に消極的になる子どもがいるとすれば，どのような要因があるのかをまず先に，この序章で整理しておきたい。そして，描画に躊躇する要因が，この図式的表現期に存在するにもかかわらず，多くの子どもが描画を楽しむのはなぜかというところに切り口を見出し，第1章で説明する本論の目的につなげていく。

第3節　描画表現に消極的になる子どもの要因

(1) 大人の期待（リアリズムの観点による大人からの評価）

　図式的な描画表現を盛んに楽しみはじめるのは，一般的に4歳～7歳くらいといわれているが，この表現期になると，子どもは大人が見てもだいたい何を描いたのか分かるような形態の描き方をすることが多くなる。そうなると大人は，それまでの「楽しくのびのび」描いたり「造形性を模索」したりすることよりも対象物に似た「何かの形」に偏った期待や励ましが多くなる傾向にある[2]。それはすなわち，リアリズムの観点に立った大人の評価のあらわれである。筆者の実施した保護者へのインタビューやアンケート調査では，2，3歳児を持つ保護者は「たくさん描けたことを褒める」「がんばって描いたのを褒める」といった回答が多かったのに対して，5，6歳児の保護者では「家族や友達を描くときには褒めるが，落書きのような線遊びは何を描いたのかわからないから特に褒めない」といった内容の返答が多かった。子どもにとっては，今までの線の模索の延長上に形態図式の創造があるが，少し形態図式が描けるようになる頃には，不明瞭なものに対しては突然大人からの賞賛が無くなるのである。こうした大人の観点はそれまで，始まりも終わりも分らないような自由な絵をのびのび描いていた子どもにとって，描画に対する意識の変換の契機をつくると思われる。つまり，子どもたちは画用紙を渡されたとき，そこに作品（＝一つの完結する絵）を描くということを意識せざるを得なくなるだろう。画面に線を刻むこと自体に面白さを感じ，描画の過程の充実こそ，その楽しみであったものが，結果や出来栄えを意識しはじめるようになることが予測される。それがある子どもにとっては自由な感情が抑えられ，戸惑いの要素となる可能性がある。これらのことを図に表わすと図1のようになる。

　この時期の子どもは「いろいろなことができるようになりたい」「大きく

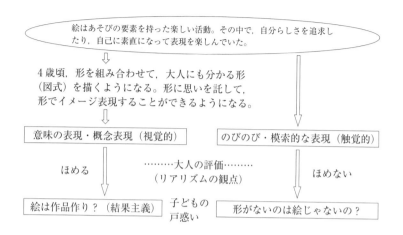

図1　大人の期待と子どもの思い

なりたい」という成長への憧れが強いので、大人の期待や評価には特に敏感である。子どもの思いに沿わない大人からのリアリズムの観点による過剰な期待や評価によって、子どもは描くことに消極的になる可能性があるといえる。

(2) 自己認識の発達

　子ども自身の自己認識の育ちも、描画に対する意識変化に関わると思われる。つまり自分や自分の行為を客観的に見る力がつくことによって、自己評価が行われ、その意識が描画活動への意欲に関わってくる可能性である。梶原佳子は幼児期の自己認識の発達について考察する中で、子どもは3，4歳頃から自分を対象化してとらえることができるようになるという[3]。そして自己評価ができるには、何らかの基準に基づいて行われなければならないが、8，9歳頃になると他者を基準として、比較による自己評価が行われるという。

また，実際の保育実践から子どもの言葉の研究をおこなう今井和子によれば，4歳を過ぎる頃にすでに「友達関係ができてくることから，競争心や自負心が芽生えてきて，自分と友達の能力を比較し自信をなくしたり，反対に自信家になったり」するという報告がある[4]。板井理はこの時期に絵が嫌いになる子どもは人と比べてしまい「人生で最初の挫折感」を味わっている[5]ともいう。

　このように，他者の様子が気になり，他者と自分を客観的に見比べることができるというのは大きな成長の証であるが，技能面を比較して自信をなくす子どもも見受けられる。描画活動面において，偶然に描いたものが思いのほか何かの形に見立てられ，うれしくなり自己評価を高める場合もあるだろう。しかし逆に獲得している描画概念が少ない子ども，あるいは自分のイメージしたとおりに描けない子どもは，他者と比較してしまい，自由に表現する楽しさが感じられず描画活動に消極的になることが考えられる。

　以上，人的環境や自己意識の成長面に関わる部分で，これまでのびのびと自由に描いてきた子どもたちの，描画活動に対する意識に変化が生じることにより，描画に消極的になる子どもたちが現れる可能性を見てきた。これらは，描画活動に限らず，様々な生活場面での技能の獲得，それに伴う大人からの期待と自己の意識に関わることである。次に，描画活動自体に関連することで，子どもが感じる戸惑いの要因を見ていく。

（3）情報のインプットとアウトプットの問題

　一般的に教育現場でよく議論に上がるのが，最近の子どもは実際の体験不足によって描く内容，イメージが思い浮かばないというものがある。それは1960年代を中心とする高度経済成長期以降，現代にかけて，日本の子どもを取り巻く社会的・自然的環境の変貌とともに説明されることが多い。つまり，産業構造の変化によって子どもたちの生活は自然体験や集団生活から疎遠になりがちで，バーチャル世界が子どもの生活の一部を占めるようになる。す

ると自分の身体で様々なことを感じたり認識したりする体験が少なくなり，必然的に描画表現が貧弱になるという説である。言いかえると，直接体験が描画表現を豊かにするということである。

一方，文化の影響面で，Wilson, B. and Wilson, M. は，絵や絵本等のモデルに恵まれた環境で育った子どもは，そういうモデルに不足している環境で育った子の描画と比べて，より発達したより多くの描画図式を作り出すことを発見した[6]。自己の直接体験だけでなくメディア環境の影響によっても描画表現に違いが出てくることが分かったのである。

幼稚園教育要領解説「表現」の項目では「幼児の豊かな感性は，幼児が身近な環境と十分にかかわり，そこで心を揺さぶられ，何かを感じ，考えさせられるようなものに出会って，感動を得て，その感動を友達や教師と共有し，感じたことを様々に表現することによって一層磨かれていく。」[7]と書かれてあり，子どもの環境への直接的な働きかけと，そこでの出来事を人と共有したり表現したりすることの重要性が記されている。

以上のようなことから，教育・保育現場では絵を描く前に，描く対象にまつわる直接体験や視覚メディア教材を使った導入による実践が多くなされてきた。また体験したことを言葉で確認してイメージ化を図ることによって絵を具体的に描きやすくしようとする試みもなされてきた。Lowenfeld, V. は受動的知識[8]（知っているが使わない知識）をどの程度までに能動化し得たかによって，描く形態概念が豊富になることを説明し，教師が子どもの受動的知識を能動化することの意義を訴えている[9]。

例えば保育室で飼育しているザリガニを描く前に，全員で触るなど一緒に遊ぶ時間を導入として確保して絵を描いたり，どんなことをして遊んだか言葉による明確なイメージを引き出したりして絵を描くという方法である。こうした導入によって，誰もがザリガニに触れる楽しい体験ができたので多くの子どもたちの描画意欲が高まったといえる[10]。また生活画では運動会や遠足の後に，教師・保育者によって，体験を言葉にしていく時間を設けること

により，各人が描きたいイメージを言語的に明確にしながら活動が進展する効果が確かにあった[11]。

　しかし子どもの中には豊富な経験や，言葉による明確なイメージ（言語的知識）があるにもかかわらず，また視覚メディアを使った導入をしたとしても，描画表現が広がらない事例も少なくないのが現実である。つまり絵を描くには単純に生活経験（＝情報のインプット）や，それを言葉にする力があればいいというものではないようである。近年では絵を描く行為において，どのような機能的なはたらきがあるのか，脳科学からも明らかにされている。そこでは網膜に捉える知覚情報がどのように記憶と連動して視覚的イメージを形成するのか。そしてそれを描画として実現させるにあたっての随意運動を実現させる複雑な身体的なシステムのはたらきや，動作の結果に従って運動をコントロールするメカニズムの必要性の存在などが明らかにされている[12]。

　したがって，描画に対して消極的になる理由は，直接体験の量や質の問題に限らず，また想像力や知識のみならず，画面への関わりの問題（＝情報のアウトプット）も大きな要素となってくる可能性がある。具体的なところでいうと，描画材の扱い，描き方，手順，プランニングの問題が解決されず，描画に消極的になる子どもも多いといえる。

（4）言葉の発達と形態概念（図式）獲得の問題

　一般に4，5歳を過ぎる頃から，子どもは，生活に必要な言葉をほぼ使えるようになり，紙面の上では自分の経験や思いを，図式を使って表現するようになる。図式とは，単純な形や線を組み合わせたり配列したりして，特定のある対象や状況を図式的に表わしたもので，形態概念あるいは様式とも言われる[注1]。子どもは経験から自分なりにこの形態概念（図式）を編み出し，それを繰り返し描く中で固定化し，図像として記憶の中に止めることになる。それは単に形だけの記憶ではなく，最終的には描く手順[13] [14]をふくめた記

憶として残ることによっていつでもどこでも使える完成された個人的な図式となり得る。

　子どもたちは，この形態概念を用いて想像したことや生活の中にあることなどを絵にしていくので，語彙が増えていくにしたがい，形態概念も増えていくことができれば，様々なことが表現できるということになる。

　しかし実際には次々に生まれる様々な発想や自分の経験した3次元性の内容は，記憶にストックされている図式ではすべて対応できないことが予測される。ある子どもは既に持っている図式を当てはめながら変形させて新しい事態に対応する（図2）。ある子どもは新たな描き方に挑戦する姿もある[15]。しかし中にはイメージどおりに描けずに「失敗」という言葉を口にする子どももいる。Luquet, G.H.によると，自分の意図したことと画面に描かれたことの類似によって子どもの心理的満足は得られるが，もし意図したことと似ていない場合，子どもは次のような言動を行なうことがあるという[16]。

　こじつけて言い訳をする，新たな解釈をする，'へんてこな'かたちを楽しむ，修正する，消す，横に新たに描くなどである。

　先程述べたように言葉での認識と実際の描くこととは別の問題である。「どうやって描いたらいいのかわからない」というこの時期の子どもの発言は，描きたい内容や知識はあるのだが，それをすぐに形態概念として表わすことの難しさを物語っている。

図2　これまで描いてきた人物画を虫（左図）や魚（右図）に適応させている

形態概念の問題については，Lowenfeld, V. が，「子どもは人と環境との豊富な概念を持って様式把握の段階へと到達することもあるが，貧弱な様式を持って概念を構成することもある」[17]「この概念が豊富になればなるほど，表現はしやすくなる。」[18]と述べている。つまり，形態概念の豊富さが，イメージを表現する描画活動の意欲に関わってくるというのである。ためらう子どもは，語彙の獲得に反して，形態概念の獲得が未だ少なく，人と比べて自信をなくしたり，大人の期待に応えることができず，プレッシャーに感じるようになるということが考えられる。栗山誠は，幼児期の子どもたちは既に描ける形を反復すると同時に，ふさわしい環境があれば，さらに新しい形態に常に挑戦する瞬間があるという。この挑戦の場をどのように提供するかが課題となる。例えば，友達と共同で絵を描く時間や，大人からの適切な援助や環境があるとき，また遊びとして絵を捉えているとき，子どもたちは今ある形態をさらに豊富にしていくと指摘している[19]。

（5）画面空間の認識の変化

　画面構成の面では発達的にどのような変化があるのだろうか。図式的表現期の子どもは，画面の空間認識が発達し，画面上に描かれるものどうしの関連や部分と全体の関連，バランスなどを徐々に意識し始めるようになる[20][21][22]。図式的表現をする時期のうちでも初期（前図式期）においては，子どもは，画面の上下の方向に関係なく形態を描き込むことがあった（カタログ的表現）が，それはまずは物の基本構造（＝図式）を描くことに精一杯の時期だからである。やがて「基底線」という舞台装置を作ることにより，画面の上下の関係，形態どうしの関係を構成する拠り所を意識し，絵は構造を持ちはじめる。ただしこの基底線は単に地面のラインとしてではなく，ある時にはテーブルの縁，ある時には画用紙の縁となるように，子どもにとっては自分の身体がそこにいるという場所[23]であり，運動感覚的経験に起源をもつ[24]といわれる。

また同時に画面全体を意識することにより空間的な制約についても意識しはじめる。そうすると画面を構成する上である程度の計画，メドをたてる力が必要となってくる。内田伸子は，子どもの物語の創造について述べる中で，時間的展望と自己の認知との関係に触れ，5歳後半になって時間的展望が未来を含むようになり，未来の視点から現在を見て，自己の行動についての予測や見通しを立てるプランニングを行なうことができるようになるという[25]。このことは描画の画面構成の過程で，全体を見通しながら現在のことを描くプランニングの力が徐々にみられるようになることと時期が重なる。以上のように今までの思いついた物から順番に自由に描くという関わり方にはなかった，描画の能力が徐々にみられるようになる。

しかしここで多様な言葉を獲得していく時期だからこその問題が起こる。それはこの時期は言葉による思考が中心になり，描画表現もそれに沿った形で，叙述的な性格を帯びてくるようになるということである。叙述的表現は，単に覚えた形態概念を描くというよりは，言葉で話すように，画面上に描いたものから次の連想が生まれ，描画内容を広げていくというような描き方で，画面に登場するものの一連の時間の流れや動きを表わしたものであるといえる。そういう意味で，言葉で話をする思考と同じく'即興性'あるいは'無計画性'の要素が含まれる。

上記に挙げたこの時期の特徴を整理すると図3のようになる。言葉の広がりによるイメージの自由性がこれまで以上に大きくなると同時に，画面空間の物理的制約への意識も大きくなり，描画をする上でその方法に矛盾が生まれることが分かる。つまり叙述的表現においては，言葉で喋るように，現在から未来の時間に向けて，描きながらイメージを広げ進めていく。そして即興的な'その場'の文脈を重視した思考が繰り広げられる。しかし限られた画面空間や図式の構成を意識して，ある程度計画してしまう時期の子どもにとって，今まさに描いている部分（現在）と全体（未来的時間）との関連をどう処理していくかという問題に出会うことになる。また描きながらイメージ

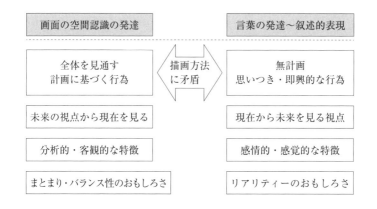

図3　画面認識の発達と叙述的表現からくる描画方法の矛盾

を広げる中で，登場するものの動きや時間をどのように平面画面におさめていくかという物理的制約が子どもに戸惑いをもたらすことが予測される。このように図式期の子どもたちは，認識面で大きく成長するが故に，今まで描いてきたような描画方式に戸惑いを覚えるといえるだろう。そしてこの問題を自ら解決しようとするところに，この時期独特の構図（「レントゲン画」「折半構図」「多視点画」など）が生まれると仮定できる。

第4節　図式的表現期の課題整理

　ここまで，子どもが図式的表現期にさしかかる頃の描画に消極的になる要因を見てきた。それは，①リアリズム的観点による大人の過剰な期待，②自己認識の発達，③情報のインプットとアウトプットの問題，④言葉の発達と形態概念（図式）獲得の問題，⑤画面空間の認識の変化についてであった。これらのことは，子どもなら誰もが，成長の過程で必ず直面する課題である。しかし，こうした課題があるにもかかわらず，図式的表現期を過ぎても，以前と変わりなく自発的に描画を楽しく描き続ける子どもは多く存在している。

子どもによっては自分なりに課題に対処したり，大人からの適切な援助を受けたりして楽しんでいるのである。

　それでは，描画をためらうことなしにして楽しんでいる子どもは画面上でどのような体験をしているのだろうか。以上のような関心がまず本論執筆の研究背景として存在するのである。

^(注1)Lowenfeld, V.『美術による人間形成』（竹内清・武井勝雄・堀ノ内敏訳，黎明書房，1947）では，schemaを「様式」と訳している。この言葉は「形態概念」という言葉に置き換えられて訳されている箇所もある。

序章　引用文献
1) 小田久美子・高橋敏之「絵本の読み聞かせと輪郭画用紙の活用が幼児の絵画表現へ与える効果」『乳幼児教育学研究』第14号，2005, pp. 9-19
2) 林建造『幼児の絵と心』教育出版，1976, p. 62
3) 梶原佳子「自己評価についての一考察（2）－幼児期の自己認識の発達について－」『大阪大学人間科学部紀要』第22号，1996, p. 401
4) 今井和子『子どものことばの世界』ミネルヴァ書房，1996, p. 111
5) 板井理『子どもの絵はおはなしいっぱい』フォーラム・A, 1996, p. 35
6) Thomas, G.V., Silk, A.M.J., 1990, *An introduction to the psychology of children's drawings*. Harvester Wheatsheaf (G.V. トーマス・A.M.J. シルク『子どもの描画心理学』中川作一監訳，法政大学出版局，1996, p. 56)
7) 『幼稚園教育要領解説』文部科学省，2008, p. 144
8) Lowenfeld, V., 1947, *Creative and mental growth*. New York, Macmillan (V. ローエンフェルド『美術による人間形成』竹内清・堀ノ内敏・武井勝雄訳，黎明書房，1995, p. 156)
9) Lowenfeld, V., 前掲書，p. 181
10) 生駒英法「幼児の創造性を育む絵画指導法」『大阪総合保育大学紀要』第7号，2012, pp. 105-118
11) 佐藤理絵・伏見陽児「題材についての話し合い活動の導入が幼児の描画に及ぼす影響」『千葉大学教育学部研究紀要』第50号，2002, pp. 155-160
12) 岩田誠『見る脳・描く脳』東京大学出版会，1997

13) Goodnow, J., 1977, *Children's drawing*. Harvard University Press（J. グッドナウ『子どもの絵の世界―なぜあのように描くのか―』須賀哲夫訳，サイエンス社，1979，p.21）
14) 山形恭子『初期描画発達における表象活動の研究』風間書房，2000，p.75
15) 栗山誠「前図式期から図式期における幼児の形態概念模索の過程」『美術教育学』第29号，2008，pp.207-217
16) Luquet, G.H., 1927, *Le dessin enfantin*. Paris: Alcan（G.H.リュケ『子どもの絵―児童画研究の源流』須賀哲夫監訳，金子書房，1979）
17) Lowenfeld, V., 前掲書，p.181
18) Lowenfeld, V., 前掲書，p.187
19) 栗山誠，前掲書，p.208
20) Lowenfeld, V., 前掲書，p.188
21) Cox, M.V., 1992, *Children's drawings*. Penguin Books Ltd（M. コックス『子どもの絵と心の発達』子安増生訳，有斐閣，1999，p.165）
22) Smith, N.R., 1993, *Experience and art: teaching children to paint*. Teachers College Press（N.R. スミス『子どもの絵の美学』上野浩道訳，勁草書房，1996，p.97）
23) 安斎千鶴子『子どもの絵はなぜ面白いか』講談社，1986，p.93
24) Lowenfeld, V., 前掲書，p.191
25) 内田伸子『子どもの文章』東京大学出版会，1989，pp.85-91

第Ⅰ部　基礎的研究

第1章　研究の目的と特徴
第2章　意図と解釈〜物語的な文脈へ
第3章　描画の視覚的な情報〜視覚的文脈へ
第4章　描画過程における触覚性

第1章　研究の目的と特徴

第1節　研究の目的

　子どもの描画表現において，図式的な絵を盛んに描き始める時期になると，多くは，自発的に描くことを楽しむようになるが，中には，消極的になる子どもの存在があることを前章で見てきた。それは，この時期の発達特性と関連するところに要因があることが見えてきた。では，描画に躊躇する要因が，この図式的表現期に存在するにもかかわらず，多くの子どもが描画を楽しむのはなぜだろうか。描画に消極的になる原因解明からではく，絵を楽しく，自発的に描き続けるその理由，要因に目を向けたら何が明らかになるだろうか。

　以上のような関心から，本研究では，図式的表現期において，絵を楽しく，自発的に描き続ける子どもの描画過程を研究対象とし，そのプロセスの中で展開されている出来事およびそのメカニズムを解明することを目的とする。さらに，子どもは，何が要因で描き続けているのか，描き続ける子どもにとって，描画過程における面白さ（＝リアリティ）とは何かを，視覚性，物語性，触覚性の関連から明らかにしようとするものである。

　子どもにとっての面白さを理解することは，子どもの視線に寄り添うことであり，教育・保育現場，あるいは日常生活において，表現活動を励ましたり支援したりする上で有効であると思われる。また，描画表現に対して高度な理解を深め，子どもの豊かな表現を育てることに役立つと思われる。

第2節　研究の特徴

本研究の特徴として，描画過程に注目すること，そして描画行為を遊び活動として捉えることが挙げられる。この二つについて詳しく述べていく。

（1）描画過程への注目
①本研究の造形表現の捉え方

　教育現場において子どもの「表現」について語るとき，造形の領域では表現されたもの，すなわち「作品」や行為の「痕跡」を頭に浮かべることが多い。そして「豊かな表現」を育てるために結果としての「作品」が豊かどうかに目が向いてしまいがちである。それは，造形領域においては，音楽など他の表現領域と異なり，造形行為をした結果が「作品」という目に見える形に残されてしまう性質があるからであろう。しかし，子どもの造形「作品」は，表現活動全般からいうと，目に見える部分にしかすぎない。幼い子どもたちは最初から作品作りを目的とするよりも，その発端と展開と収束の全過程において，多様な関わりや探索活動，試行錯誤などの思考体験がある。そしてそこでは様々なイメージ表現や身体感覚的な関わりによる表出行為と解釈が繰り返し現われている。

　実際の子どもの描画活動では，おおむね4歳以降になると，まずきっかけとして生活の中で感動したことや記憶していることを表わしたいという思いが発端となり，頭に思い浮かんだイメージを描こうとする姿が見られる。一方，描画材や素材への感覚的な関わりが発端となり，偶然できた形の組み合わせや色などに興味を持ち，そこから何かに見立てたり，新たな発想が生まれたりすることも多々ある。こうしたことは活動の展開，収束場面においても同じで，子どもたちは目の前のモノ（画面）に集中して向き合い続ける中で，新たな発想や解釈とともに，感情や感覚の変容を体験している。そして

画面に描かれた内容について，ことば，身振りなどをも使って，周囲の人に伝える姿が見られる。これらのことは，立体の造形表現も平面の描画表現も同じ原理である。以上のことを示したものが図1であり，本研究で取り扱おうとする表現の範囲である。教育・保育における子どもの「表現」を語るとき，このような未だ形にならない過程をも含めた全体を対象にする必要性を感じる。

　ところで美術作品は，いったん作者の手から離れるとそれは客観性を帯び，必然的に，見る人（鑑賞者）の解釈を受けることになる。その段階では，描いた本人が制作過程でどれだけ充実していたかという「関わりの時間」は普通，あまり問題にしない。鑑賞者は純粋に画面上の色・形の構成，テクスチャ，物語性のみに集中して鑑賞するのである。こうしたことは，子どもの作品に対しても同じである。子どもの作品も，大人の美術作品と同じく制作活動を終えると，客観的な作品になる。そして制作過程の時間に関わっていない大人はこの作品の表層的な要素を個別に取り出して，評価したり，それらに特別に偏った意味を与えたりすることもある。それは，作者の手を離れて

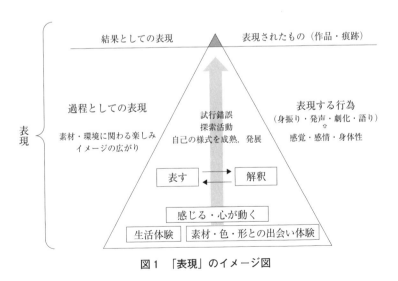

図1　「表現」のイメージ図

自立した作品の宿命ともいえるが，しかし，教育現場においては，心身の発達過程にいる子どもの絵をそうした客観的な作品あるいは記号としてみるのは，「子どもの表現とは何か」を考察する場合には，限界があると思われる。

　子どもの絵画表現を作品からのみ観た時の問題について，Cambier, A. は次のように述べている。「大人は，自分が持っている対象の観点に基づいて，子どもの絵の中にあるひとつながりの意味的単位を勝手に切り離してしまうが，そういった大人の観念が，幼い子どもの混沌とした観念といつも一致しているとは限らないのである。その結果，子どもの絵は，たいていの場合，大人の視点や社会集団の評価方法によって分析されてきたのである。描画表現の質は，規範的，文化的次元に照らして承認されたりされなかったりするので，そうするとどうしても，子どもの絵は，対象と似ているかどうか，細部に欠けたものがないかどうかといった否定的な面から評価されることになってしまう。」[1]

　以上のように，結果作品（痕跡）から読み取れることと，描画過程を含めた表現として描画作品を見る場合に読み取れることは異なることが予測される。そもそも，描画過程で子どもたちは何を体験しているのかということを詳細に分析した研究はこれまであまり見られない。この問題は，子どもはなぜ絵を描くのかという根本的な問いに迫ることになる。教育・保育現場の研究会では，絵を「描かない子ども」「描けない子ども」への対処法や，子どもが興味を引くテーマのアイディア，導入法については多く議論されてきた。しかし，描画を楽しんでいる幼児は何が要因で描き続けているのか，描く中でどんな意味が立ち現われ，心的，感覚的レベルで何が変化していくのか，といった描画過程の心理や子どもにとっての「面白さ」（＝リアリティ）などについて考察が十分になされていないと思われる。では，私達は，子どもの制作過程の体験をも含めた描画研究が可能なのだろうか。これまでどのような描画過程の研究があったのだろうか。

②描画過程に目を向けた研究の流れ

　これまでの子どもの描画表現に関する研究では，様々な観点からのアプローチがあったが，その一つに，自由な描画活動の痕跡（作品）やその一部の表層構造のみを分析対象にした研究が多かったといえる。つまり「何を描くのか」を対象にした研究である。特に心理学の領域では子どもが描いたものの作品や痕跡は，心の状態やイメージ，あるいは知識や概念をそのまま反映するという捉え方に重点が置かれていた[注1]。しかし子どもは，一つの画面に向かう時，全体から切り離されてしまうとその意味を失ってしまう線や形を描くことが多く，そうした線や形は描いている時間や文脈においてこそ意味を持つ[2]ものであり，表層構造からは決して探れない描画の真実があると思われる。

　こうしたことから1980年代になると，描画のプロセスに注目した研究が多く行なわれるようになった。代表的なものでいうと，Goodnow, J.やFreeman, N.H.が，子どもの絵を問題解決行動と見なしてそのプロセスに関与する要因を実験的手法によって明らかにしようとしたことが挙げられる。Freeman, N.H.は，作業の偏向やプランニングの難しさが，でき上がった絵の最終的な形の上に及ぼす実質的な効果を多くの実例で示してきた[3)4)]。またGoodnow, J.は，たいていの子どもが描く人物画に焦点を当て，どのように描いていくのか，そのパターンや描き順の分析を詳細に行ない，単位の選択と配合の仕方により，境界や仕切り，単位と単位を隔てる空隙が変化し，形態パターン間の差異をもたらすことを明らかにした[5]。そしてCox, M. V.は，描かれたもののサイズが内容に影響を与える可能性を見いだした[6]。さらに深田尚彦は先に描かれた絵の配置がどのようにその後描くものを左右するかを調査した[7]。

　以上のように，ここでいうプロセス研究とは「どのように絵を描くのか」というプロセスを分析した研究であるが，人物や静物など，ある対象の「形態」がどのように描かれるのかといった，実験的な性質が目立ち[8]，実際の

子どもの興味や楽しいという思いから離れたものが中心となっている感がある。前項で説明した子どもの表現の過程を思い出すと，興味や楽しさという動機は子どもの主体的な活動を引き出すうえで重要な要因であるので，これを無視した実験的研究では，表現としての描画活動の真髄をとらえるには限界があると思われる。表現とは，描いた結果としての作品（痕跡）のみをいうのではなく，子どもがなぜ，どのように描こうとしたのかという動機や描く中での心理的な変容も含める描画プロセス全体である。

　これまでのことを鑑みると，実験的な設定のプロセス研究ではなく，子ども主体の自由な描画活動のなかで，子どもの関わりのプロセスを記述する研究の必要性を感じる。

③幼児教育現場における表現プロセスの重視

　平成21年4月から新幼稚園教育要領が実施に移されたが，それまでの幼稚園教育要領での「表現」に関する事項から新たに表現のプロセスを大切にすることが付け加えられている。原文から引用すると，「他の幼児の表現に触れられるよう配慮したりし，表現する過程を大切にして自己表現を楽しめるように工夫すること」を，これまで以上に重視すべきであるという観点が追加された。教師，保育者は完成された作品にこだわらず，表現したいという子どもの気持ちに注意して指導すべきであり，表現のプロセスを見取りながら周りの環境をどう設定していくのか，どのような言葉をかけるのか考えていく必要がある。このように活動過程の状況に応じた表現を引き出すための環境設定や教材，声かけなどの研究は十分なされていない。こうした面からみると描画プロセスに注目した本研究の成果は現場のニーズにあったもので，現代的な意義があると思われる。

（2） 描画における遊び活動への注目
①描画の面白さ

　前節では，結果としての表現と制作過程の中の表現をあえて分けて考えてきたが，それでは，子ども自身は，自分の関わった結果としての表現作品についてどのように捉えているのだろうか。筆者は3歳児から12歳児の子ども対象に描画活動の設定保育や授業を行なってきたが，そこでいつも感じることは，大人が子どもの作品を見る観点と，子どもが自分の作品に対して向けるまなざしの観点にはズレがあるということである(注2)。それは低年齢になるほどそのズレの差は大きくなると思われる。一般に大人はこれまでの経験で洗練された自分の美的感覚によって，バランスや色彩などに目を向けたり，作品の内容にまとまりがあるかなどの観点から子どもの絵を評価しがちである。一方，子ども（特に幼児）が愛着を持つ自分の作品というのは，意味内容や構成のまとまりとは別の次元で，描画過程で体験した「面白さ」の記憶が残っているような作品である。または，さらに活動が継続されるような可能性を持つ画面ともいえる。では，その「面白さ」とは何だろうか。田中義和は子どもが絵を描く楽しさや面白さに焦点を当てた著書[9]の中で，どのような面白さがあるか，以下の項目を挙げている。

・イメージの展開を楽しむ面白さ

・本物らしさを追究する面白さ

・ゲームとしての面白さ

・色や形そのものの持つ面白さを追究する面白さ

・偶然性・意外性を楽しむ面白さ

　以上の田中義和の分類は，主に言語的イメージが育ち，表象活動が盛んになるおおむね4歳以上の描画の面白さに焦点が当たっていると言える。また，栗山誠は，描画は遊びから始まるという観点を強く出し，他の遊びと描画活動の共通点から描画の面白さを以下のように分類している[10]。

・目の前が変わっていく面白さ

・見立てて遊ぶ面白さ

・色で遊ぶ面白さ

・「〜の感じ」で描く面白さ

・空想する面白さ

・コミュニケーションの面白さ

・偶然の出会いの面白さ

　栗山誠の分類では，イメージという表象を紙に描き広げることの他に，画面に描いた瞬間の画面上の視覚的変化自体の面白さ（＝目の前が変わっていく面白さ）も含まれている。また，意図的あるいは偶然に描かれたものから別のイメージが生まれるなど，画面上に描かれたものや空隙からの見立ての面白さもあるだろう（＝見立てて遊ぶ面白さ）。さらに，表象イメージをストレートに描くというよりも，線の強弱やリズム，形の印象を子どもは敏感に感じ楽しむ姿がみられる。つまり身体感覚を描画に反映させる面白さも活動の中に出てくる（＝「〜の感じ」で描く面白さ）。

　以上２人の描画の面白さの分類を挙げたが，面白さとは，形・色の変化やイメージや心情が時間の経過とともに次々に視覚化されていくリアリティを感じたときの充実感などであるといえる。自分の思いが自分の手によって視覚的に達成される喜びもあれば，偶然の要因から自分が思ってもいなかったことが目の前に表れてくる発見的な喜びもあるだろう。この充実感や喜びは生きる喜びにもつながるものであると思われるので大事にされなければならない。そうしたことを考えると，子どもの造形表現とはなにかを論じる時に，結果作品に注目するのではなく，描画過程での自己の体験（＝関わりの時間）に注目することが必要となってくるだろう。

　さて，この描画過程でのリアリティを感じる描画の面白さは，モノとの関わりを楽しむ遊びの面白さに通ずるものがあると思われるので次の項で述べる。

②遊び活動と描画活動の共通点〜子どものリアリティ

　子どもの制作過程の体験を含めた描画表現研究をする上で，遊び活動への注目が有効である。なぜなら，子どもの画面への関わり方の特徴は，普段の遊び活動における，モノや環境への関わり方と共通する点が多いからである。すなわち，遊びの中で，子どもはまず自分のできる範囲の行動で目の前のモノや環境に関わるのだが，その関わりに応じて変化する目の前の事象が，次への活動の方向を示唆し，それを認識あるいは知覚しながら，さらに活動を広げ進める。自己の運動や動作の結果が，次への行動（表現）の始まりになっているというところは，描きながら次々に内容を展開させていく描画過程にもみられることである。

　例えば積み木遊びを例にとると，ごく幼い子どもは積み木を持ち運んだり，叩いて音を出したりして素材を確かめるような感覚的な遊びから楽しみはじめる。そして並べたり積み重ねたりという操作的な遊びをすると同時に，表象活動が活発になる時期には，1個の積み木を手に取り，「くるま」や「人形」に見立ててそれを床に走らせるしぐさを行なうことがある。早く走らせるときは腕を素早く動かし，遠くに走らせるときは，身体を動かして積み木を持って移動する。また走る音や，セリフの発声が連動する場合もあるだろう。そして，遊びをより盛り上げるために，積み木を床の上に並べて長い道をつくったり，街をつくったりすることが予測される。こうした積み木遊びは保育室でよく見かける風景であるが，この中で，子どもは，最初からこの積み木遊びの世界を構想していたのではなく，積み木素材に関わる流れ（文脈）の中で，感覚的な活動や，イメージによる活動（物語）が次々に展開されていくことが確認できる。そしてその中では，身体的，感覚的な関わり，つまり身振りや擬音語などを発する活動も伴うことがよくある。

　では，上記のような活動が1枚の画面上で行われるとどのような活動になるだろうか。図2は4歳児が車の動きをイメージしながらペンで線を走らせた跡が分かる。右上角にバスを描いて，バスが動く様子を言葉で「ブー」と

28　第Ⅰ部　基礎的研究

図2　4歳児（四つ切り画用紙，ペン），右上角のバスが走る線を表わしている。

図3　7歳児（A4用紙，鉛筆，色鉛筆），戦いの様子を1時間かけて描いた。

発しながら指でなぞって遊んだ後，ペンを持ち，動く線を描いた。車の動きは，積み木遊びの身振りと同じように手を動かす線となっている。スピーディーに走る車は素早いストロークになり，蛇行運転は曲線になり，狭い空間を通るときは慎重に描いた線が画面上を走るのである。つまり，感情や感覚と線が一体となっている。またバスの軌道を描いた後，画面の空隙に車・家・人のようなものも描き足している。積み木での遊びと同じく，描きながらイメージを広げ，追加して描き足していく描画過程の様子がうかがえる。
図3の絵は，7歳の子どもが，飛行機，戦車，兵士を描いて戦っている様子を表わしたものである。一見，線が多すぎて結果のみを見ると内容が分りにくくなっているが，この児童は約1時間，画面と向き合い，色も使い分け，言葉を発しながらこの絵を描いた。棒人間状に描かれた兵士は数えると125人いて，すべて身体の動きや顔の表情がありリアルである。1時間の戦争映画に出てくるシーンが1枚の絵に凝縮されているようでもある。こうした描画活動は特に男児がよく描く描き方で，例えば人形や模型で空想遊びをするのと同じく，画面上で遊び活動をしているといえる。図2と図3の絵を描いた子どもはどちらとも描いた後に充実感を感じているような表情であった。

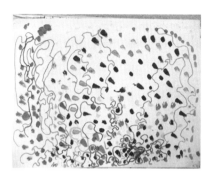 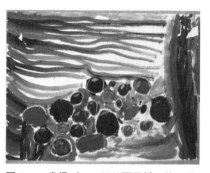

図4　3歳児（4つ切り画用紙，絵の具，ペン），初めての絵の具筆で，感覚的に関わる。

図5　4歳児（4つ切り画用紙，絵の具，パス），シャボン玉から，色の感覚遊びへ。

　以上の描画の例は，画面に何か対象を計画的に描く描き方とは違い，ものに関わる遊びと同様に，文脈の中で次々にイメージ，あるいは感情が広がり，それを線や形で探索的，身体感覚的に具現化していくおもしろさ（物語的リアリティ）を感じていると思われる。

　一方，積み木遊びでは，言葉とは別の次元で，持ち運ぶ・音をならすなどの感覚的探索遊びや，並べる・積み重ねるといった，感覚的操作遊びも同時に行なわれていた。では描画の中ではこうした感覚的な遊びはどのように現われるのだろうか。図4を描いた3歳児は，初めて絵の具筆を使い，おそるおそる点を丁寧に描いていた。最初は画面下に集中して点を描いていたが，やがて画面全体に4色の絵の具を使って広げ，視覚的な広がりを楽しんでいるようであった。その後，サインペンでその点に触れないように線を慎重にひくことを楽しんだ。また図5を描いた4歳児は，一斉保育の中でシャボン玉を描くという課題を与えられて他の友達と共に描いていたのだが，途中で絵の具の線自体を，様々な色を使って描くことにおもしろさを感じながら活動をした。線は色の順番が規則的に配置され，空間をすべて線模様で埋め尽くした。両者とも最後まで，言葉による見立て（イメージ）や叙述性は持たなかったが，ひたすら画面に感覚的に関わる楽しさを味わっているようであ

る。それは，未知の領域を視覚的に触るような，あるいは味わうような探索するおもしろさ（＝触覚的・探索的なリアリティ）を体験しているとも思える。

　以上四つの描画の例を積み木遊びと比較しながら述べてきた。図2・3は言葉によるイメージや物語的な文脈があるもので，図4・5は感覚的・探索的な要因から描かれたものである。その共通部分は，記憶にある概念を計画的に描くのではなく，「その時，その場」を楽しむように，目の前のモノや環境に関わる活動である。ひとつのアクションを起こすごとに目の前の視覚形態（意味，空隙，色彩，テクスチャ等の質感）がリアルに変容すると同時に，新たな感情，感覚，イメージが湧き起こる。そしてそれがさらに次へのアクションの導入になるという文脈が存在する。これはモノに関わる遊びの文脈と共通するものである。

　こうした過程を楽しんだ後の作品は，一見，意味的なまとまりが見出しにくいので理解しにくく，教育・保育の現場では年齢が高まるにつれてあまり評価されない傾向にある。しかし子どもがおもしろさを感じて主体的に表現する描画の中にこそ，子どもの表現についての真実があると思われるので，こうした自由表現の描画は大切にされなければならない。

　ここで，自由な遊び活動を表現の一形式として捉えることに関して議論が残るかもしれない。これに関して，遊びは，子どもの自由な表現のもっとも明確な形式であり，あらゆる形式の自由表現を遊びと同一視するという人類学者や心理学者が多くいたことを述べておく。例えばFroebel, F. は「遊びは，子どもにとって人間としての発達の最高の表現である。なぜなら，それのみが子どもの魂の中にあるものの自由な表現だからである。それは，子どもにとってもっとも純粋でもっとも精神的な生産物であり，同時にまた，あらゆる段階，あらゆる関連における人間の生活の典型であり模倣である」[11)12)]という。また，箱庭療法を考案したLowenfeld, M. は「純粋に機能的な目的を持って自分の身体を制御しようと努力している子どもの動きと，ただそれらがもたらす喜びのためだけに子どもが見せる動きや活動との間の

差異を見分けることが不可能である」とし,「子どもの遊びはその子どもの生活全体への関係の表現である」という[13)14)]。以上のように,広い意味で,本研究で扱う遊びとしての自発的な描画表現を,子どもの育ちの中の表現活動として位置づけることが可能である。

第3節 研究の方向と構成

　研究の背景をうけて,描画過程（画面への関わりの時間）を対象とした研究の必要性をみてきた。特に子どもの興味や楽しいという思いが存在する主体的な描画過程を対象とした詳細な研究はこれまでほとんど見られなかった。しかし,子どもは何が要因で描き続けているのか,描く中でどんな意味が立ち現れ,心的,感覚的レベルで何が変化していくのかということを探る高次な研究こそが子どもの表現を理解する上で,大変重要であると考える。それは,子どもにとって描画に関わる面白さ＝リアリティ（感情や感覚が伴う迫真的な体験）に通じるものである。

　この面白さ＝リアリティを分りやすくするうえで,次に挙げた観点が有効であった。つまり描画活動をモノに関わる遊び活動としてとらえるということである。そこでは,子どもが主体的に描き続ける要因となるものの手がかりを得ることができた。それは,遊び活動行為の文脈への着目である。これを参考にすると,描画過程ではどんな文脈が子どもの描画行為を引き出しているのか,そして何が継続させているのかを分析,考察することができると思われる。特に,2次元平面の描画においては,言葉の発達と関係する物語的な文脈・画面の視覚的な文脈・その他感覚的なもの（触覚的な性質）がどのように関連しながら流れているのかを明らかにすることで,より子どもの視点にたった描画表現の面白さ＝リアリティが理解できるのではないだろうか。

　さて,本研究は2部構成となっており,第Ⅰ部の2章以降では,基礎研究

として描画を継続させる要因となる文脈について明らかにする。そして第Ⅱ部では，実践的研究として，描画を楽しむ子どもが一枚の絵を構成する過程において，何を体験しているのか，この文脈を手がかりに分析する。

　第Ⅰ部第2章では，まず言葉によって描画内容が進展していく側面に焦点を当てる。描画は意図したことを紙面上に描いて終わるという単純なものではなく，作者は描かれたものを見て，解釈しながら次に描くことを新たに意図する，という流れの繰り返しが存在する。これが，遊び活動に見られたような物語的な文脈となっていくと思われる。そこで，この物語的な文脈はどのようにして作られるのか，子どもが描く時，見たことや想像したことと描くことの関連はどのようになっているのか，そういった根本の問いから整理する。そして描画過程を認知処理のプロセスとして捉えて，物語的な文脈の根拠を構造的に明らかにする。続いて第3章では，画面上の視覚的な情報について考察する。つまり，画面に描かれたものや偶然に現われた視覚的要素は，描画過程において描かれる内容に影響してくる可能性について述べ，視覚的な文脈の存在を確認する。第4章では，描画表現において根底に流れている感覚的な要素（触覚性）について検討し，本研究にどのように位置づけるかを述べる。

　第Ⅱ部第5章では研究方法や分析する描画について述べるが，その際，筆者の考案した「描画プロセス分析シート」について説明する。第6章以降，「描画プロセス分析シート」の事例を読み解きながら，描画過程における子どもの体験について考察する。具体的には，第6章では描画過程において，どのように画面上に意味が立ち現れ，変化していくのか，子どもの視点に立ってその面白さ＝リアリティを感じる要因に迫ることになる。第7章では，叙述的な画面構成と，'多視点画' 'レントゲン画' の関係について考察する。そして第8章では，描画を楽しむ要素の一つとして描画の中に現れる動きのイメージに焦点を当て，描画過程で子どもが感じる時間をどのように画面に表すのかを検討する。さらに第9章では，描画過程の動きや時間とともに現

れる身振り表現について詳しくみていき，画面上の視覚的な表現を超えた要素と，図式的表現の関係についてまとめる。

(注1)代表的なところをあげると，Kerschensteiner, G. (1905), Luquet, G.H. (1913) は，子どもの描画を発達の系列に分類した。また Goodenough, F.L. (1926), Harris, D.B. (1963) は描画で知能発達を評価した。さらに Piaget (1956) は描画が現実世界を再現しようとする試みであるとし，空間概念の発達について，理論構築した。

(注2)エピソード1：H幼稚園の造形絵画教室では年度末に1年間に描いた描画の中から1枚を選び出し展示する作品展を行なうことにしていた。例年は保育者が1枚を選ぶのだが，この年は子どもたち自身が「今まで描いた中で一番好きな絵」を選ぶことを企画した。すると子どもが選ぶ作品は，保育者の選ぶ絵と異なるものが多かった。子どもが選ぶ絵は，関わりの楽しさの思い出がある作品が多かった。一方保育者が選んだ絵は，画面上に視覚的なまとまりがある絵や，物語性があるものが多かった。1年に一回の作品展は保護者への理解も必要なので，結局子どもと保育者の選出した絵2枚を展示することになった。

エピソード2：造形絵画教室で1時間の活動の中で描いた絵をA君は家に持ち帰りたいと言った。その絵は絵の具をつけた筆を画用紙の上で振ると，色がまき散るというスパッタリング技法を使った作品である。A君は何回も絵の具筆を振り，巻き散った模様を楽しんでいた。A君は最後に「星ができた」と言ったが，活動過程ではとにかく様々な色で何回もまき散らすことを楽しんでいた。家に持ち帰りたいといったのはA君だけでなく，同じ活動をした数人の子どもも同様であった。子どもは迎えに来た保護者に，その日の作品を喜んで見せるのだが，保護者は作品を見て「何を描いたの？」「今日は何したの？」としきりに聞き，子どもが，スパッタリングの作品を1時間かけて目を輝かせて関わったことが理解できないようであった。子どもが愛着を持つ絵は経過を見ない大人は簡単に理解できないと思われた。

第1章 引用文献

1) Wallon, Ph., Cambier, A., Engelhart, D., 1990, *Le dessin de, l'enfant.* Presses Universitaires de France（Ph. ワロン・A. カンビエ・D. エンゲラール『子どもの絵の心理学』加藤義信・日下正一訳，名古屋大学出版会，1995, p.18）
2) Wallon, Ph., Cambier, A., Engelhart, D., 前掲書，p.18
3) Freeman, N.H., 1980, *Strategies of representation in young children: analysis of*

spatial skills and drawing processes. Academic Press, London.
4) Thomas, G.V., Silk, A.M.J., 1990, *An introduction to the psychology of children's drawings.* Harvester Wheatsheaf (G.V.トーマス・A.M.J.シルク『子どもの描画心理学』中川作一監訳, 法政大学出版局, 1996, p.7)
5) Goodnow, J., 1977, *Children's drawing.* Harvard University Press (J. グッドナウ『子どもの絵の世界―なぜあのように描くのか―』須賀哲夫訳, サイエンス社, 1979, p.15)
6) Cox, M.V., 1992, *Children's drawings.* Penguin Books Ltd (M. コックス『子どもの絵と心の発達』子安増生訳, 有斐閣, 1999, p.201)
7) 深田尚彦「幼児画の形式的側面」『同志社女子大学学術研究年報』1978, pp.417-426
8) 平沼博将「子どもの描画活動における「動き」の表現発達とナラティヴ描画」『京都大学大学院教育学研究科紀要』46, 2000, p.144
9) 田中義和『描くあそびを楽しむ』ひとなる書房, 1997
10) 栗山誠『描画を楽しむ教材と実践の工夫』明治図書出版, 2002, pp.8-13
11) Read, H., 1956, *Education through art.* Faber & Faber: 3rd Revised (H. リード『芸術による教育』宮脇理・岩崎清・直江俊雄訳, フィルムアート社, 2001, p.133)
12) Froebel, F., 1885, *The education of man.* London, D. Appleton Century (フレーベル『人間の教育』岩崎次男訳, 明治図書出版, 1960)
13) Read, H., 前掲書, p.134
14) Lowenfeld, M., 1935, *Play in childhood.* Mac Keith Press

第2章　意図と解釈〜物語的な文脈へ

第1節　本章の概要

　例えば同じザリガニをクラス一斉に描く場合に，その描かれた過程は子ども一人ひとり異なる。もし，同じ過程をたどったとしても，でき上がったものは個性的なものになっている。絵を描くという行為はコピー機やカメラで何かを写しとることと違い，このような特徴を持っている。この'描画過程の差異性'に注目すること[1]は特に重要である。まずは描こうとするもの（対象）を人はどのように見て把握するのか。それをいかに描画行為として実行に移すか。そして描かれたものから何を読み取り，次への活動に継続させるのか。こうした認知処理的な過程は，最近の脳科学や認知心理学の分野で研究されているが，子どもの描画研究においては，約100年前から観察法などによって研究されてきた。

　そこで第2章では，これまでの子どもの描画研究を参考にしながら，画面に描く過程で，見ること（インプット）と描き出すこと（アウトプット）の関連や，描かれたものを解釈することにより，継続されることの要因を，認知処理の観点から整理する。そこから生成される物語的文脈について構造的に明らかにすることを試みる。

第2節　対象を見ることと記憶

　何か「対象を描く」という場合，私達はある対象を'見る'ことから始める。'見る'にはまず二つのことが考えられる。一つは現実世界にあるもの

をその場で視覚という機能を通して'見る'ということであり，もう一つは，頭の中に思いついたイメージを'見る'ことである。

　前者の，現実世界を視覚を通して見ることに関しては，詳細に見ようと思えばその場でいくらでも見ることができるし，対象が消えない限り近づいて見たり遠目に見たりすることができる。ただし，脳科学の研究では網膜に映し出されたものは光・色彩・網膜上の配置情報に過ぎず意味は見いだせないことが分かっている。その視覚情報は脳内の視覚関連領域に伝達され，輪郭，奥行き，動きなどが感知され，それが，側頭葉にある高次視覚連合野で他の感覚情報と結びつく。ここではじめて今までの体験で積上げてきた様々な概念や記憶が呼び起こされることになり，脳は見えるものの意味を知るようになるという。つまりここで脳から見た可視世界の'実像'が組み立てられる[2]。

　このように'見る'ためには自己の体験にまつわる概念や記憶情報が関わってくるので，当然脳の中に構成される'実像'（＝見たもの）は人それぞれ違ったものになってくると考えられる。同じ人でも昨日に見たものを今日見たときに見え方や感じ方が異なるのは，人の'見る'ということが単にカメラレンズに映し出されることと同じではなく感性が関わっていることを物語っている。ましてや大人が見るものと子どもが見るものは，たとえ同じものであっても，機能的あるいは体験的要因から異なるものが見えている可能性が高い。

　また，私達は実際のものを見るだけでなく，頭の中に想像した対象イメージを'見る'こともする。そこにいない友達の顔を描くとき，まずは友達の顔をなんとなく思い浮べてみる。その場合，思いついたイメージ像を'見る'ということをしているといえる。この'見る'は網膜を通さない頭の中の出来事である。想像した対象を描く場合は，現実のものを見ない分，その対象は頭に貯蔵された記憶に拠るところが大きいといえる。したがってこれも自己の体験に基づく記憶や感性に左右されるといえる。

Arnheim, R. は記憶と過去の影響について「形はみたときに目にうつるものによって規定されるだけではない」とし，「あたらしい映像は過去に知覚された形の記憶された形の記憶痕跡と関係する。こうした形の痕跡は類似を基礎にたがいに干渉しあうものであるし，あたらしい映像はその影響をまぬがれることはできない。しかし，ある場合には，現在の明瞭な形の映像がつよくて，過去の記憶痕跡の大きな影響をしりぞける。が，ある場合には，現在の映像があいまいであって，適当な影響をうけて変化する」[3]という。

　このように，印象の薄さや時間の経過によって曖昧な対象イメージになることもあれば，そのときの気分や意図により変形，再編成されることもあるだろう。

　以上の考察から，私達は何か現実に目の前にあるもの（対象）や空想で思い浮べたもの（対象）を絵に描こうとするとき，それを見る段階ですでに，蓄積された記憶や感性が関わっていることが分かる。子どもの描画活動に目をやるとき，子どもの見ているものと，そこにいる大人の見ているものは明らかに異なることはもちろん，一人ひとりの異なる視点があることを認識しておかなければならない。

第3節　描くことと記憶

　今，対象を描く場合の二つの'見る'について考えてきたが，さらに私達は，実際に絵を描くときには，画面上の描画材の先から出る線や色も同時に'見る'ことをしている。ここで，画面を見ながら，モデルとなる対象を同時に見ることはできるのだろうかという疑問が生まれる。現実の対象を見て描く写生の場合を考えると，対象を見ると同時に画面にそれを描き出すことは難しいように思える。つまり対象を見た後，それを描こうとして手元を見つめるまでに視線は移動する。たとえ模写のような，横に対象モデル図を置いて描いたとしても，見ることと描くことの間には一瞬の時間的隙間が入る

表1 モデル図（左）を見ながら描いた絵（右）

	モデル図	幼児が見ながら描いた絵
①5歳男児	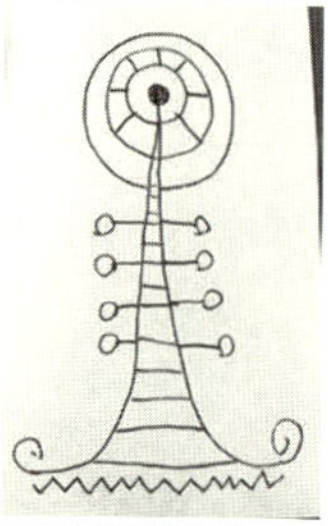	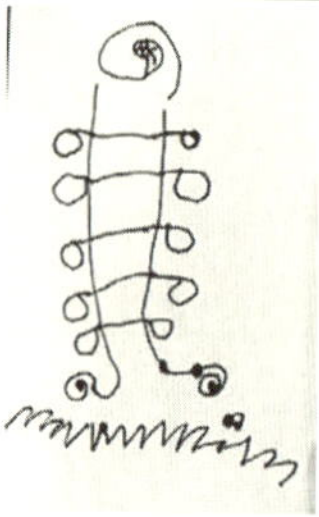
②5歳女児		
③5歳女児		
④5歳男児		
⑤5歳男児		

ことになる。その間は、一瞬の記憶に頼ることになる。この記憶は作業記憶と呼ばれ[4]、対象イメージをいったん脳内に貯蔵していることになる。表1は5歳児が左のモデル図（筆者が描いたもの）を見ながら、描いたもの（右図）である[注1]。①は単純な円と線で組み合わせた絵であるが、幼児は約20分の時間をかけて描いたにもかかわらず、角のとがった部分や細部がモデル図と異なる。モデルの線と対応する線を探りながら描いたが、全体構造を把握せずに描いた結果であると思われる。②〜⑤は親しみのある猫のモデルであるが、普段描き慣れていない細部が入ることにより、ぎこちない形になっている。②と③は手足の細部が曖昧になっている。また普段

描き慣れた猫の図式の記憶が，モデルそのまま描くことを阻害している。④と⑤の幼児は普段は猫を描いたことがなかったからか，線を組み合わせることに精一杯の様子がうかがわれる。

　以上のように，真横にモデル図がある場合でも，また大人から見ると単純な図式であっても，子どもはそのまま写しとることが難しく，見ることと描くことの間に複雑な認知的，機能的な処理がなされていることが読み取れる。それは記憶だけの問題ではなく，描画を実行に移す感覚運動スキルの問題でもある。

　では，想像した頭の中にあるモデル対象を描くときはどうであろうか。その対象を画面に描く際，上記のようなタイムラグはあるのだろうか。実際何かを思い出しながら画面上にそれを描いてみると分かるが，視覚を通さず想像した対象イメージを描くときでさえも同時に見ることが難しい。描くときには画面上の線や形に集中してしまう。そして一旦描かれたものと頭の中にイメージしたものを交互に見比べながら微調整しているかのようでもある。ここまでのことを表したのが図1である。

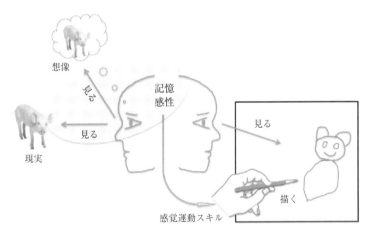

図1　見ることと描くことは記憶が関係している

第4節　描画時における記憶と「知っていること」

(1) 記憶

　以上見てきたように，私達が何か対象を'見る'とき，また絵を描くときに感性を伴う記憶が関わってくることをみてきた。そしてこれまでの，多くの研究者は，子どもの描画の特徴について語るときに，記憶との関連を指摘してきた。例えば Buhler, K. は「子供はほとんど『頭で』とでも言おうか，全く記憶によって描く。人を描こうと思うと，モデルや手本を捜しまわらず，さっさと楽しく仕事にかかり，人間について知っていること，心に浮かんでくることは，何でも描いてしまう」[5]と述べている。

　また Vygotsky, L.S. は『子どもの想像力と創造』のなかで「…本質的な特徴は，写生ではなく，記憶にもとづいて子どもたちが描いているということです。ある心理学者は，そばに腰かけているお母さんを描いてごらんと子どもに頼んで，その子どもがどうやって母の絵を描くか観察する機会を持ちました。するとその子は母親を描くのに一度も母親を見ようとしませんでした。」「子どもは記憶によって描いているということが非常によく分かるのです。子どもが描いているのは，自分が物について知っていること，そのものについて自分がもっとも本質的と思っているものであって，実は子どもが目で見ているそのもの，あるいはものとして自分が表象しているものを描いているのではないのです。」[6]という。

　さらに Eng, H. も「入学以前の時期の子どもの自由画は，ほとんど完全に記憶によって描かれる」，子どもは「事物を表現しようと思って見つめるのではない。」「事物についての記憶像にもとづいて描く」[7]と述べている。

　こうした記憶による子どもの特徴的な描き方は「子どもは見るものよりは，むしろ知っているものを描くのだ」という「主知説」として長い間指示されてきた[注2]。現実に目の前にモデルがあるにもかかわらず，子どもは見るこ

とをせず，記憶＝「知っていること」に頼って描くという説である。しかしこの「知っていること」に関してはそれぞれの研究者間で，何をさすのかはっきりと定まっていない。

　ただ，この主知説の本来の意味は，見たものをそのまま写生のように写して描くという視覚的リアリズムとはちがい，見たものや視覚的印象がいったん記憶の中にとどめられ，何らかの概念化作用があり「知っているもの」となり，子どもはそれを参照して描くということである。視覚的なことではなくて，「知っていること」に忠実に描こうとするので，視覚的リアリズムに対して知的リアリズムと呼ばれている。

　さて，ここで，「知っていること」の内容とは何かという問題が起こる。言い方を変えると，画面に描かれるものは何を参照しながら描かれるのかということである。記憶と感性が関わっているということを確認してきたが，具体的にはどういうことなのか。子どもは絵を描くとき，現実にあるものを写真のような画像として思い浮べているのか，それともそれを概念的に図式化したものを想像しているのか，あるいは視覚的な像ではなく言葉概念に沿って描こうとしているのか，その辺りが曖昧である。

　例えば，その場にいない友達の顔を想像して画面に描こうとする場合，まずは「知っていること」（＝記憶）を手がかりに描くだろう。最初は写真のような友達の静止画が思い浮かぶのだが，一旦画面にペン先をつけた瞬間，別のイメージが入ってくる。顔のかたちは丸形か角張った四角形かなど，まずは描き慣れた図式バリエーションを参照しながら描きはじめるのではないだろうか。そして「頬は膨らんでいる」とか，「眼が大きい」などと言葉概念によって記憶されている知識，情報にしたがって形が補足，微調整されることもある。さらにその友達が昔からよく知っている親友であるならば，その人がらを感じながら線の質も変わってくる可能性がある。以上の例から，その場にない対象を想像によって描くときに参照する「知っていること」には，いろいろな種類があることがわかる。

それでは，その場にモデルとなる現実の対象がある場合はどうであろうか。「知っていること」よりも，目の前のモデルを参照することができる。しかし表1で示したように，それでも幼い子どもは「知っていること」（＝記憶）に影響されるのである。さらにここでもう一つの例を示しておく。図2は同じ5歳の幼児が左から順に連続で描いた3枚のザリガニの絵であるが，一番左が現実の生きているザリガニを見ながら描いたもの，真ん中と右はモデルなしに同じ時に次々に描いたものである。左は見て描いたにもかかわらず，独自の感性が働いているといえる。背中のカラフルな縞模様は，実際のザリガニの背中に光が反射して虹色に見えたそうで，それを図式的に表している。そして真ん中と右の図は，実際のザリガニモデルとの視覚的な整合性は少ないが，最初に見たザリガニの記憶が基になり自分の体験や既に持っている知識（図式）を駆使して表していると言えよう。ザリガニの爪は，普段よく描く動物の耳のようになっている。これは実際に見たイメージが現実から離れ，自分の体験や知識のイメージと混じり合っているということがいえる。

　子どもの「知っている」ことには，Piaget, J. のいう自己中心性についての理論も含まれると思われる。Piaget, J. の考えた自己中心性は，自己と他者の境界線が曖昧であり，内界と外界が未分離である為に，自分だけの考えである主観と，他者にも共通する考えである客観の区別がうまくできず混沌としている状態のことを意味する。こういった自己中心性は乳幼児期に顕著にみられる世界観で，無機的な自然世界に生命や魂の存在を認めるアニミズム，考えや観念そのものが実在しているとする実念論などとも密接な関係のある世界観であると言える。

図2　3枚連続で描いた5歳女児のザリガニの絵

図2の虹色のザリガニや動物の耳のような爪を持ったザリガニは，この自己中心性の原理の中で，目の前で見て記憶した像と，これまでの体験で編集されてきた図式が絡み合い，混同して描かれたとも言えるのである。

(2) 何を描いているのか～言語発達との関連

　どんな場合であれ，幼い子どもは感性をともなう記憶をもとに絵を描くことがあるということを述べてきた。感性を伴う記憶とは，写真像のように客観性のある像ではなく，体験やその時の気分によって変容する不安定な記憶のことである。この記憶＝「知っていること」は研究者により様々な解釈があることを前に述べた。このことに関する深い考察は高橋敏之がすでに行なっている[8]が，特にこの「知っていること」を言葉による概念化作用が関わっているとする Buhler, K. と，視覚的な像であるとする Luque, G.H. の主張は対照的であり，「知っていること」の本質を探る手がかりとなるのでここでとりあげてみたい。

　まずは，「知っていること」を言語の発達と関連させて述べている Buhler, K. の説をみていき，子どもが何を描こうとしているのかを検討する。

> 　物が名前をつけられるや否や，概念の構成が始まる。そしてこれが，具体的心像にとって代わるのである。言語をもって形成せられる概念的知識は，子供の記憶を支配する。われわれが自分の記憶の上に何かのできごとを印象づけようとする時，どんなことがおこるか。概して，具体的心像は消えるが，しかしその事実が言語によって表現せられうる限りにおいて，われわれはそれを記憶する。この発達は，子供の生後第二年目にすでに始まり，そして子供が描画し始める時－三歳または四歳の時－子供の記憶は，けっして別々の絵の倉庫ではなく，知識の百科辞典となるわけである。子供は，自分の知識によって物を描く。だから，図式的描画が現われてくるのである。[9]

　以上のことをまとめると，Buhler, K. は子どもが見たものをそのまま描くのではなく記憶によって描くといい，その記憶は特に3歳以降になると言語

で構成される概念的知識によって支配されるという。子どもはこの言語による概念的知識によってものを描くので，必然的に図式的描画が現われてくるという説である。概念的知識と図式の関連については，頭足人について説明する箇所で Buhler, K. は，図式は「言語によって形成せられた知識から絵画的表象における空間への秩序へ翻訳」したものであると言い，だからこそ，その翻訳の誤謬により大人から見ると不釣り合いな，理解できない形態になっていることがあるというのであるという。つまりあくまでも Buhler, K. の解釈によると，子どもの描画時における記憶とは，言語的知識に関連していることになる。

栗山誠は1歳から4歳までの特定幼児Kの描画時における思考とことばの関係を縦断的調査により考察した[10]。そこで見られたことは，描画時における子どもの思考は，ことばの発達以前に身体レベルで行なわれ，描き出された形態のもつ視覚的印象が媒介しながら徐々にことばと関連をもち，やがてことばの発達が，描画活動時における思考にも影響を及ぼすということであった。つまり Buhler, K. の言うように，徐々に言語による概念的知識が大きく描画を先導するようになることが実証された。

実際に4歳を過ぎる子どもの絵を見ると「人間の手の指は5本である」という言語的知識により必ずといっていいほど，人物を描くときには5本の指を数えながら描く事例（図3）を多くみる。視覚的には現実にはないような表現である。また「象は長い鼻がついている」という知識によって，どんな向きの顔にも長い鼻を描き足して象に見立てるということもよくなされる（図4）。こうした言語的知識は図式として定着し，子どもはいつもその知識を持って描くということが言えよう。

しかし子どもは本当に言語による概念的知識のみを手がかりに絵を描いていると言い切ってもいいのだろうか。5本の指や象の長い鼻は視覚的な記憶とは無関係だろうか。いや，私達の記憶には言語では表しきれない視覚的な記憶も同時に存在すると思われる。特に年齢が幼い幼児については，高橋敏

図3　手を描くとき，指の数を意識して描く幼児の二つの事例

図4　象は長い鼻がついているという言語的知識から描かれた絵

之の指摘するように，言葉の獲得が少ないのでその分，視覚的イメージに頼った描画がなされるのではないだろうか。以下，高橋の記述を紹介する。

> 幼児は，記憶の再生に言語的知識をあまり頼りにできない。なぜなら，語彙が少ないからである。例えば，葡萄の絵を描こうとしても言語的知識による援助は，「ぶどう」，「まるい」，「むらさき」程度のものである。我々大人は，言語と映像を連動させて視覚的記憶を補強できるが，幼児の場合は発達段階を考慮に入れても，そういう知的操作を強力に押し進めるとは考えられない。」[11]

つまり，言葉による思考が中心になると思われる時期の子どもにおいても，その描画は言語的知識のみによるものではなく，視覚的記憶が大いに関わっているということがいえる。

次に，Buhler, K. とは対照的に，子どもの描画における「知っていること」を視覚的心像によると説いた Luquet, G.H. の理論から，子どもが何を

描いているのかを探る。

（3）何を描いているのか〜内的モデル

　Luquet, G.H. は，子どもが「記憶によって描く」「知っていることを描く」ことについて，記憶と感性を関連させた「内的モデル」（modele interne）という概念を開発して主知説を唱えている。Luquet, G.H. によると，それは「子どもの精神内の心理的実在に対応するもの」であるという。つまり「通常，絵は実物の写しであると考えられているが，これは，誤りである。絵を描く意図がどのように生まれたものであろうと，絵は実物の単なる写しではない。」「描画対象の心的表象は直接目に見える線を用いて絵に表わされる前に必然的に視覚像として存在している。しかし，この像は描き手の目に映った事物をそのまま再生したものでもないし，また描かれた絵そのものでもない。それは子どもの心の中で変形され，あくまで自発的であるが，複雑な再構成の過程を経た創造的な産物なのである。内的モデルという言葉は，絵の中に表現されるこの心的表象を，実際の事物やモデルと明確に区別するための用語なのである。」[12)] としている。ここで注目したいことは，「描画対象の心的表象は…（略）…絵に表わされる前に必然的に視覚像として存在している」というところである。つまり視覚的知識として記憶に存在しているものということである。

　Luquet, G.H. は記憶や創造で絵を描く場合は当然内的モデルに拠って描くが，目の前のモデルやモチーフを再生する写生画や模写画のときでも，子ども達が模写するのは目の前の実際のモデルではなく内的モデルであるとする。この場合，外界の事物は単にヒントでしかなく，描き出されるのは実際のところ内的モデルであるという。先に見た，図2の3枚の連続で描いたザリガニの絵を思い出してみよう。Luquet, G.H. の言葉に沿って言うと，実際にモデルを見た場合でも，そうでない場合でも，実物通り写生されたのではなく，子どもの心の中（正式には脳）にある視覚像＝「内的モデル」を再生したも

ので，知的写実性[13]を示しているということになる。

　そして Luquet, G.H. は，子どもが何か絵を描く場合，その事物についての内的モデルを心の中に創造しなければならないとしている。この内的モデルの創造は子どもにとって'やっかいな仕事'であり，子どもが絵を描くのを難しく感じるとき，内的モデルの創造がなされていないことが原因であるとする[14]。

　では具体的に心の中の視覚像＝内的モデルはどのように構成されるのか。この問題を解明するにあたり Luquet, G.H. は，内的モデルの構成過程を下記のように大きく3種類のパターンに分けて説明している[15]。

　まず，内的モデルの構成は精神の創造的活動の所産であるとし，「これは経験的に得た印象，つまり実際の事物やモチーフ，モデル等の視覚的印象を記憶にとどめておいて，それを材料として組み立て直す無意識的な活動の結果である。」と説明している。そして一つ目のパターンとして，「範例化」(exemplarite) と呼ぶ思考的操作を挙げている。つまり，経験した様々な事物のイメージや印象の中から一つを選び出し，それをもってクラスを代表するものとみなすというものである。範例化に関して Luquet, G.H. は，「1個の特殊な個体の内的モデルを選び，これに一般的価値を付与すること」といい，子どもがよく「家」を描くときに，具体的に自分の家のイメージをことばで発しながら描くが，結局は家の一般的観念（範例化されたもの）を描いたものに過ぎないということを例として挙げている。

　二つ目の内的モデルの構成のパターンとして，「総合化」という操作を挙げている。これはどういうことかと言うと，「現実の事物，あるいは以前に自分が描いた絵や他人の絵などの個別イメージをまるごと寄せ集めたり，部分的に寄せ集めたりする操作を意味する」。事例として Luquet, G.H. の娘が，最初は大人が描いた家の絵をモデルにしていたが，そのうち新しい要素，窓のカーテンなどを描くようになったという。これは，現実の家からの要素ではなく，組み立てセットのおもちゃからヒントを得た情報であった。

Luquet, G.H. の娘はいろいろな情報から寄せ集めたイメージを総合化して内的モデルを構成していると捉えられる。

　以上二つのパターンは「一般的，類的モチーフ」の絵について，内的モデルの構成を考察したものである。次の3つ目に説明するパターンは，「個別モチーフ」の絵についてである。個別モチーフとは「物語的表現とでも呼べるものに描かれる事物（モチーフ）であり，特定の状況で特定の瞬間の事物の見えを描く」ものをさす。それはスナップ写真のようでもあるという。図式的表現期の子どもは，描きながら物語ることをよくする。そして，語りながら次々にイメージを広げて，さらに描くのである。このように表される瞬間的な形態が「個別モチーフ」と理解できる。

　そして「個別モチーフ」の内的モデルの形成については次のように説明されている。子どもは何か表現したい事物があるとすると，それをそのまま写しとるのではなく，その事物の様々な構成要素の中から特定のものを選択してそれを描こうとする。それは，人が対象を見るとき，そのまますべてを捉えるのではなく，興味があり重要だと思うものしかとらえない性質に拠るものである。それが，瞬時瞬時に描かれる「個別モチーフ」の内的モデルになるという捉え方である。また子どもは目的論者であり，「見えていない部分でもそれが本質的な要素であれば全て描くし，たとえ見えていても二次的なものとみなせば無視する」。つまり物語的描画において，その文脈で必要と感じたものは描くし，必要と感じないものは省略されるのである。具体例としてLuquet, G.H. は，子どもが描く人物画には長い間腕がないことを挙げて，もし腕が現れるようになっても，それは決まって何かを手に持つ必要がある場合に限られるとしている。また頭足人の描き方で，胴体を描かないのは，その有用性が分かっていないからであると説明している。

　ここまで，子どもの心に構成される視覚像＝「内的モデル」の構成についてLuquet, G.H. の考察を整理したものが図5である。最初の二つのパターンである，「範例化」と「総合化」の操作に拠る内的モデルの形成は，記憶

第 2 章　意図と解釈〜物語的な文脈へ　49

◆一般的，類的イメージを描く場合
【範例化】

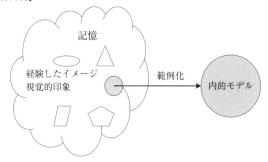

【総合化】

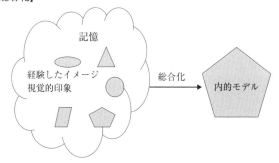

◆個別モチーフを描く場合

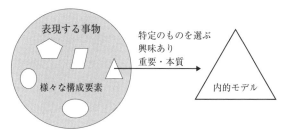

図 5　Luquet, G.H. による内的モデルの構成に関するイメージ

にある経験イメージや視覚的印象などが材料となり一般的な視覚的概念あるいは図式と対応する内的モデルが形成されることが理解できる。一方，3つ目のパターンである個別モチーフの場合，表現しようとする事物の様々な構成要素から，興味があるものや重要なものを「選択する」とはどういうことだろうか。そこには判断や感性が大きく関わるように思える。また物語的な文脈では物語（時間）が実際に進行しているので，そこには言語的思考が関わり，ことばが描こうとする絵を先導するとも考えられる。

　以上のように，Luquet, G.H. は，子どもは視覚像である「内的モデル」を参照しながら絵を描くと主張したが，全てが知識としての（産物としての）視覚像ではないという意味でその理論は完璧とは言えない部分があると考えられる。

（4）何を描いているのか～身体的感覚との関連

　以上，子どもは描画時に記憶を頼りにして描く際に，それは言語的知識としての記憶なのか，視覚的知識としての記憶なのかを考察してきた。その結果この記憶には，Buhler, K. の言う言語による概念的知識が確かに関わっていると思われたし，また Luquet, G.H. の「内的モデル」説に見られた視覚像が確かにあると思われた。

　しかし，図式で描きはじめる子どもの描画活動を観察していると，次の事例のようにさらに違った観点から形態を描き出していることもある。

　事例①：幼児K（4歳児）は，母親の誕生日に絵を描いてプレゼントしようとし，母親を描こうとした。しかし「笑った口が描けない」と言い泣き出した。描こうとしている画面を見ると，笑った口の形を練習しているようであった。（図6-1, 6-2）これまで幼児Kは，普段，人物は描いていたが，口を意識して描くことはなかった。図6-3は，その頃描いた体験画であるが，口は図式として定着していないことが分かる。母親を描こうと泣いていた幼児

第2章　意図と解釈〜物語的な文脈へ　51

図6-1　笑った口の形態を模索している幼児Kの絵　　図6-2　同左　　図6-3　当時の体験画

Kに対して，そこにいた保育者は，笑った口の描き方（お椀型に曲線を描く図式）を教えたが，本人は納得がいかず，結局そのままその絵を持ち帰った。

　この事例は，大人から図式の教示を受けても子ども本人は自分の感覚，感じていること（母の笑ったイメージ）に即さなかったというものである。つまり，図式として定着する前の段階（模索的な段階）では，「知っていること」とは，言葉による概念でもなく，視覚的な像でもなく，また図式でもない。自己の身体的感覚が大いに関わっていることがうかがわれる。

　事例②：幼児K（4歳男）は，雨の中の散歩について絵を描いたとき，足の指を描き「パパとママとゆうくんとお散歩したよ。雨がくつの中にはいったよ。冷たかった。」とその場にいた保育者に話した。日記観察法により縦断的にこの幼児Kの描画を観察していたが，普段はこの男児は足の指は描かないし，その後の描画でも描くことはなかった。またこの時期に幼児Kが描く形態はまだ模索的な線が多く，図式として定着する以前の段階であるといえる。にもかかわらず，足の指を線で描いているところが注目される（図7）。

　この足の指は，幼児Kが描きながら物語る中で必要になった事柄であるといえるので，Luquet, G.H. が内的モデルの構成パターンの一つに挙げた「個別モチーフ」と捉えることができる。しかしこれが視覚像としての内的モデルのみを参照して描いたと言えるだろうか。指の数は5本ではないにしても，

図7　雨にぬれた足の指を描いた幼児Kの体験画

一本一本丁寧な線で細かく描いているので視覚的な記憶も参考にしているようであるが，それよりも足の指一本一本が「冷たかった」という身体感覚で感じていたイメージに多く由来するもののように思われる。

事例③：幼児K（5歳男）は，8月の蒸し暑い日に図8の絵を描いて，「今日は暑い日だから，みんな暑い暑いって言っているよ。」とそこにいる大人に知らせた。その日，どんなに暑かったかは太陽を3つ描くことによって表されている。また人が暑がっているということを表すために，

図8　暑い日に描いた幼児Kの体験画

それぞれの人の腹部に太陽を描いている。自分の描ける図式は限られているが，それを駆使して，その日の暑さと人の気持ちを写真では表せない方法に拠って表している。この事例は日常の事柄を描こうとしたとき，物語る中で文脈に応じて描かれたものであるので，Luquet, G.H.の言う「個別モチーフ」に相当するものといえる。しかし単に視覚像や言葉概念による記憶に即して描いたのではなく，身体で感じたことを素直に表しているといえる。

　以上のように図式的表現期あるいは，図式が定着する少し前の段階においては，今回示した事例のような，身体感覚に拠るイメージに由来する線や描

画内容を描くことがよくみられる。それは視覚的な記憶を参照して描いているとも，言葉概念を頼りに描いているとも言い難い。

　Luquet, G.H. は文脈に応じて瞬時に描かれる「個別モチーフ」について，表現しようとする事物の様々な要素の中から本質的なことが取り出され，デフォルメされると述べた。そしてそれが視覚像としての内的モデルとなり，子どもはそれを参照して描くことがあると説明した。しかし，この個別モチーフは，視覚像とはっきり特定されるものではなく，ここで見たような身体感覚の経験から得たイメージ（図式的印象）に由来すると捉えられる。

（5）何を描いているのか～情動との関連

　前項で見た3つの事例では描かれたものと身体感覚との関連を述べた。さらに考えられることは，身体で何かを感じるときには必ずそこに感情が生起することである。Read, H. は子どもの精神における，イメージに対する図式の関係をはっきりと定めることは困難であると説明した上で子どもが描く形態（図式）と情動との関連について触れている。つまり子どもは，概念的な思考や知覚したイメージから独立した感情，あるいは「情動」を持っているという。その情動は知覚や経験したことに由来するものであるが，子どもはこれを伝達することはできない。子どもはこの感情あるいは情動に「満たされる」ものの，これに対応するイメージや洗練された概念的思考の方法は，まだ充分に発達していない。そこで子どもは，視覚的な象徴すなわち，線の言語による暗号を創造し，それによって自分の感情を表現し，その質を他者へと伝え，移ろいゆく外見の世界の中に，それを固定しようとするという。別のところでは，子どもは，考えたことを描くのでも，実際に見たと思われるものを描くのでもなく，自分が個人的にその対象に結びつける，感情的な対象物を伝える記号であるという[16]。

　以上のことを整理すると，Read, H. がいう子どもの描くものとは，直接の視覚的経験に基づくものではなく，またイメージを視覚的に翻訳したもので

もなく，知覚や経験したことに由来する「情動」を表現するために「線の言語による暗号」，すなわち図式を含めた視覚的記号を画面上に創出したものである。この「情動」は，概念的思考や知覚したイメージから独立した感情である[17]という。

これまでみてきた研究者は，子どもが描くことは，記憶にある言語的概念や視覚的概念に対応するという見方の域を出ることはなかったが，Read, H.はここに「情動」という動機づけを持ち出したことが意義深い。ただし，図式期以前の感覚的な線や形は，情動が直接現われることが多いといえるが，図式を操作して描く段階になって，図式を繰り返したり，それを組み合わせるなどして新たな形態を編み出す経験は，情動によるものではなく，線や形の客観的な操作も多いといえる。

（6）「知っていること」とは何をさすのか～まとめ

図式的表現期の子どもは，感性を伴う記憶を頼りに絵を描くことを見てきた。これまでの考察から，具体的に記憶によって描くことについて，次のことが考えられた。

①言語による概念的知識に沿って描く
②視覚的記憶（内的モデル）を参照しながら描く
③身体感覚や感情が内在する図式的印象を描く

これまで長年にわたって支持されてきた「子どもは見たものではなく，知っていることを描く」という主知説において，曖昧にされていたことが少し整理されたと思われる。

今述べていることは，図式的表現期の子ども（一般的には4歳～7歳時期ごろ）についての問題を議論しているが，年少の子ども達については記憶の力に頼らない分，③の身体感覚や情動の影響に拠って描くことが多いといえる。また，図式的表現期においても，文脈に応じた図式の模索や変形は常に行なわれているので，単に①②のように記憶に即して描くと言い切ることはでき

ず，③の要素は切り離せないといえる。さらに図式期に多くみられる，「描きながらイメージを広げる」叙述的表現においてはごっこ遊びのように画面上で感覚や感情が表されることがあるが，ここでも③の要素が大いに関わっている。

第5節　描く行為を'見る'

　画面上に絵を描く際に私達は，描画材の先から表れてくる線や色を見ると同時に，自分の意図したことが実行されているかどうかを常に確認するために'見る'ことをしているといえる。岩田誠によると，人が自ら意図する絵を描くためには，きわめて緻密な運動制御が保障される必要があるという[18]。「この運動制御を実現しているのは，運動連合野と小脳，そして大脳基底核の協調的な働きである。特定の動作を実現するための随意運動において制御すべき内容としては，その動作に動員すべき筋肉と動員してはいけない筋肉の選別，動員すべきそれぞれの筋肉の収縮と弛緩のタイミングの決定，実行中の運動のモニタリングとエラーの修正が重要である」としている。つまり①自分の手が今どこにあり，どのように動いているかをリアルタイムで知るための感覚情報と②自分の手が目的の運動を遂行したかどうかの結果を見るための視覚情報が重要となる。描画中には，実行中の運動を'見る'ことをし，その結果に従って次の運動をコントロールしているのである（フィードバック・コントロール）[19]。

　以上の理論では，自分の意図したことを画面上に描く際に，常に'見る'ことをしながら，修正や微調整によって最終的には，描きはじめのイメージに随意運動を駆使して近づけていくという流れは説明できる。しかし，子どもが絵を描く様子を見ていると，最初に描こうとした意図が途中で変更されることがよくある。あるいは，意図したことを途中で忘れたかのように全く別の活動に移ることもある。ここでは，子どもは確かに画面上に描かれたも

のを'見る'ことをし，コントロールしている。にもかかわらず，意図からズレたり意図が消失したりするのである。

この問題を考えるときに，画面上に描かれたものをどのように'見る'のか，つまり「解釈」について考察されなければならない。

第6節　意図と解釈

描画活動は意図と解釈によって成立する。意図は描こうとする対象を思い続け，描くことを実行に移そうとする。その際，これまで見てきたように記憶にあるもの＝「知っていること」を参照する。つまり言語による概念的知識，視覚的な像（内的モデル），身体感覚や感情が内在する図式的印象である。意図は，これらをもとにしながら，必要な運動スキルを実行に移し，紙面に描き出される図形をモニターする。そして図形の持つ特性から，自分にとっての意味，すなわち解釈を与える。一方，解釈は，すでに描き済みの絵や，描かれつつある絵が，何であるかと判断を下すことになるが，ここでも解釈は記憶にあるもの＝「知っていること」を参照するといえる。Luquet, G. H. はこの二つの「知っていること」について前者の描こうとする対象を「喚起対象」とし，後者の解釈の際に思い浮かべるものを「命名用対象」と呼び，区別した[20]。この二つを分けることで意図と解釈の関係が分かりやすく説明できるので，以下 Luquet, G.H. の理論を参考に整理してみる。

運動スキルの関係から，子どもは意図した通り（喚起対象の通り）に画面上に描くとは限らず，しばしば意図とは反するものが画面上に描き出されることがある。しかしそこで子どもは知っていること（命名用対象）と照らし合わせ，画面上の描き出されたものとの類似性によって，その意味を規定するのである。

意図通りに画面上に描き出せない理由としては，二つのことが考えられる。一つははじめに意図したことが描画過程で維持されるかという記憶力や集中

力の問題である。特に幼い子どもは精神の移ろいやすさの影響で，意図は弱められたり打ち消されたりする。描画過程において意図の記憶の強弱が，進行中の描画の行く先を左右する。もう一つの理由は，知覚－運動スキルの発達の問題で，描画行為や描画材に慣れていない段階では意図したことに沿って描くことが難しいということである。

　この二つの要因から子どもの描画は意図したことと解釈することとの間にズレが生じ，子どもはしばしば葛藤する。Luquet, G.H. によると，喚起対象との類似に依存する意図（意図の記憶）と，命名用対象との類似に依存する解釈はそれぞれ固有の力を持ち，それぞれの強さに応じて葛藤はさまざまな結果を引き起こすことになるという。そして以下のように4つのパターンを想定している。

　①【意図＞解釈】意図（の記憶）が内在的に強く，解釈が内在的に弱い場合
　　描きたいものがはっきりして，その強い意志があるとき，子どもは感覚－運動スキルの問題で思うように描けない場合，自分の絵が失敗であることを認識する。

　②【意図（弱）＝解釈（弱）】意図も解釈も両方ともそれ固有の力が弱い場合
　　さほどこだわりのない解釈が起こり，解釈は様々なやり方で表明される。例えば，自分の描いた絵に，ある一つの解釈をし，その後，別の人から何を描いたのか聞かれたとき，別の解釈を行うというものである。また全く何の解釈も示さない場合もこれにあてはまる。

　③【意図（強）＝解釈（強）】意図の記憶と解釈が内在的に両方とも強い場合
　　意図を維持しようとする意志と，描いたものから別の解釈をしようとする気持ちが精神のうちで共存し，ぶつかり合う場合である。子どもは自分が描きはじめるときからこの葛藤を意識することがある。例えば，「熊を描いたはずが，コアラに見える。これは描きたいものとは違う。」という具合である。しかし子どもは，写実的な絵を描くことよりも，描画を楽しむ精神が強い場合，これを前向きに捉えることが多いと思われ

④【意図＜解釈】意図の記憶が内在的に弱く，解釈が内在的に強い場合
　　画面に描かれたことを見て，根拠があまりなくてもそこから解釈されることや意味付けられることを優先する。他人がその解釈と合致しない部分の存在を指摘したり，自分自身で気付いたときには，全体と解釈との間に調和が得られるようなつじつまあわせを行う。それは言い訳であったり，画面への描き加えという方法であったりする。

　以上，意図の記憶と解釈の関連について Luquet, G.H. の分類をもとに整理した。子どもは，感覚―運動スキルが熟達するにつれて，意図（喚起対象）と描かれたものの類似性が大きくなり解釈に説得力が持てるといえる。しかしまた，このスキルが未熟な段階においても，子どもは描かれたものの印象と知っていること（命名用対象）との間に類似性を発見すれば解釈に説得力が持てる。

　ここで考えられることは，解釈する力が描画を継続して描くことにつながる要因の一つではないかということである。描画は一つの対象物（完成品）を描いてはそれで終わりと言うものではなく，以上の意図と解釈を一連の時間の中で繰り返す行為である。例え描画途中で，最初に意図したことが違うものとして解釈されたとしても，取り換えられた第2の喚起対象及びそれに呼応した運動スキルが描画を進めることになる。

　そして，重要なことは，解釈は言語的知識においてなされるということである。もともと Luquet, G.H. のいう解釈とは，「命名用対象」に由来するものとされているように，解釈とは，描かれた形態に意味を付けることである。したがって，喚起対象の「知っていること」が，言語による概念的知識・視覚的な像（内的モデル）・身体感覚や感情が内在する図式的印象であったのに対し，命名用対象の「知っていること」とは言語による概念的知識のみが相当すると思われる。したがって言語の発達が，物語的文脈を作る上で重要である。以上述べたことを図に表したのが図9である。

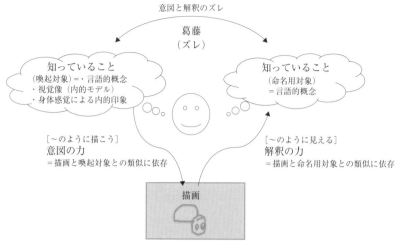

図9 意図と解釈の関係

また意図と解釈は記憶にあるものを参照している。前に見てきたようにこの記憶は一人ひとりの感性が関わっており，幼児の場合自己中心性的な面を持っている。例えば図2のザリガニを描いた女児は，人の顔を持ったザリガニを描いても「かわいい」と言い，満足していた。つまりザリガニに似ていないことを認識していても「失敗」という観念はなく，それを「ザリガニのつもり」として楽しんでいたのである。Luquet, G.H. がいう描画時における喚起対象や命名対象は，写実的なもののように思われるが，実際は子ども独自の意図や解釈が働いていると考えた方がよい。

第7節　描画における認知処理のプロセス

本章では，あるイメージがどのように画面上に表されていくのかを認知処理のプロセスとして考察した。子どもは何か対象を描く場合，それを現実に見る，見ないに関わらず，体験から得た記憶を参照しながら描くことが分かった。これまでの多くの研究者はこのことを「子どもは知っていることを描

く」主知説として当たり前のように採用してきたが，実際のところ「知っていること」の内容は研究者により解釈は曖昧であった。しかし今回，子どもが描こうと意図するときに参照する「知っていること」とは①言語による概念的知識，②視覚的な内的モデル，③身体感覚や感情が内在する図式的印象，ということが考察された。子どもは何か対象を描く際，これらの事項をガイドに絵を描こうとするのだが，集中が続かない場合や感覚—運動スキルが未発達の段階では最初に意図した通りに描くことが難しく，画面上に描かれたものは解釈という手続きにおいて，子どもにとっての意味が生成される。その際にも同じく「知っていること」が関わるが，解釈する場合は言語的知識が主に関わって実行される。

そして解釈は，すでに描き済みの絵や，描かれつつある絵が，何であるかと判断を下すことにとどまらず，描画の内容を方向づける基準となる。以上のことをまとめたものが図10であるが，子どもは画面に描き出されたものを言語的に解釈し続けながら描画を継続させるという，構図（流れ）が明らかになった。

たとえ最初に意図したことと，描き出された画面上の視覚形態とにギャップがあったとしても，目の前の視覚情報から新たな解釈が生まれ，それが新たな意図を生む源流となるのである。このように，描画行為が継続される文脈の原型として，ここまで意図と解釈という観点から考察できたと思われる。子どもが継続して描画に夢中になっているときは，描画過程における意図と解釈の関係に楽しみを見いだしているといえよう。

第8節　観念の連合～物語的文脈へ

さて，ここまで見てきた意図と解釈の循環プロセスは，ある特定の一つの対象物を描くときの認知的な構造がよくわかるものであった。しかし，子どもたちは年齢が進むにつれて，一つの画面に特定の一つの対象物を描くだけ

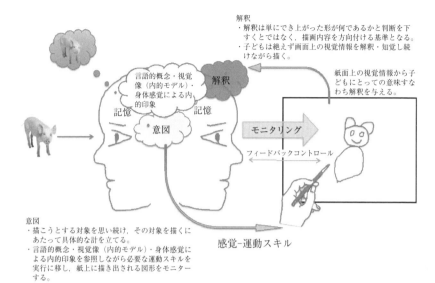

図10 描画における認知処理のプロセス

でなく，描いたものから何かを連想して，さらに発展させて別の内容を描くことが多い。

特に5歳を過ぎ，叙述的な表現をする子どもにとっては，この意図と解釈の原理を使って次々に描くのであるが，そこには，感情が伴うことがしばしばある。Luquet, G.H. は描画行為を引き出す要因の一つとして「観念の連合」を挙げている[21]。氏は既に画面に描かれた形態についての「観念は，観念の連合によって別の対象の観念を呼び起こし，さらに，この新たな観念はその対象を描こうという意図につながってゆく」という。例えばこれは連想ゲームのように，リンゴを描いたら，同じ果物のみかんを思いつき，今度はみかんを描こうと意図がはたらく。リンゴとみかんが描けたらそこからそれを入れる果物かごを描き，食べる人を描こうとイメージがはたらく。このようにして，次々に観念の連合によって，描画行為が引き出され，描画内容が進展していくのである。これは意味やイメージの連鎖であり，意図したこと

がその通りに画面に表されていくパターンである。

　Luquet, G.H. はさらに，この観念の連合は，「知的な次元（役割の類推）」のものでだけではなく，「視覚的次元（見えの類推）」のものもあるという。つまりこれまで見てきたように，描かれたものが最初の意図とは異なる物に見えた場合でも，その視覚的な'見え'から別の意味が発想されることがある。Luquet, G.H. はこれを「形態的類推」と呼んだ。例えば，ある幼児は画面に1個のリンゴを描いた後に二つ目のリンゴを描こうとしたが，大きな楕円形になってしまった。それが顔に見えたので，目口を描き足し，食べる人物にしてしまった，というような場合である。

　何れにしても，上の二つの事例に共通することは，描かれたものの意味が別の意味を引き出す連続性がみられる。その循環の中で，結果的には物語（ナラティヴ）がそこには展開されてく。こうした，描く中で湧き起こるイメージや感情が次への描画行為につながっていくという文脈を'物語的文脈'と呼ぶことにする。

第9節　まとめと課題

　第2章では，描画過程で見ることと描き出すことの関連や，描かれたものを解釈することにより循環的に描画が継続される認知システムを明確化し，物語的文脈の根拠を示すことができた。

　さて，解釈とは，一般に「語句や物事などの意味・内容を理解し説明すること」[22]であり，それは言語的な把握といった知的な精神活動を意味する。しかし，描画に夢中になる子どもを観察していると，単に言語的な解釈の連続で楽しさを見いだしているかというとそうではなく，形態の視覚性や図と地の関係性からくる感覚的，感情的な行為の連続があるように思える。つまり，描かれたものを言葉によって解釈するだけではなく，画面の描かれたもの同士の配置関係や，色彩，空隙，マクロな視点で見たときの大きな固まり

や偏り，ミクロな視点で見たときのインクのシミなど，あらゆる視覚情報が，次の活動を誘発し，描画内容を左右する要因になっていることも否めない。

さらにそうした知覚レベルの視覚的情報と，言語的解釈とが相互に絡み合うなかで，描画内容が進展していくと思われる。次の章では，画面上の視覚的な情報を知覚することによる影響も含めて，描画が継続される要因を詳しく見ていきたい。

(注1) 20人の幼児（年中と年長児）に筆者が4つのモデル図を描いたものを渡し，描いてみたいもの一つを選んでもらい，それを模写させた。

(注2) Arnheim, R.（『美術と視覚 上』波多野完治・関計夫訳，美術出版社，1963，p.207）によると，この説はヘルムホルツ（Helmholtz）が1860年代に普及した考え方を踏襲しているという。

第2章 引用文献

1) 藤田豊・後藤真一・丸野俊一「幼児の描画行動に影響を及ぼす教示の機能的特性」『熊本大学教育学部紀要』第42号，熊本大学，1993，p.210
2) 岩田誠『見る脳・描く脳—絵画のニューロサイエンス』東京大学出版会，1997
3) Arnheim, R., 1956, *Art and visual perception:a psychology of the creative eye.* London, Faber & Faber（アルンハイム『美術と視覚 上』波多野完治・関計夫訳，美術出版社，1963，p.64）
4) 岩田誠，前掲書，p.89
5) Buhler, K., 1949, *Abriss der geistigen entwicklung des kindes.* Quelle & Meyer Co., Inc., Heidelberg（K. ビューラー『精神発達』古武弥正訳，牧書店，1958，p.134）
6) Vygotsky, L.S.『子どもの想像力と創造』広瀬信雄訳，新読社，2002，p.134
7) Eng, H., 1931, *Psychology of children's drawings: from the first stroke to the coloured drawing.* Routledge（H. エング『子どもの描画心理学—はじめての線描き（ストローク）から，8歳児の色彩画まで—』深田尚彦訳，黎明書房，1999，pp.130-132）
8) 高橋敏之「幼児の頭足人的表現形式に関するK. Buhlerの主知説批判」『美術教育』第275号，日本美術教育学会，1997，pp.2-9

9) Buhler, K., 前掲書 p.134
10) 栗山誠「初期描画活動における幼児の思考とことばの関連〜Vygotsky の混同心性に注目して〜」『生活科学研究誌』vol.7, 2008, pp.191-205
11) 高橋俊之「主知説の解釈の可変性とその問題点」『家庭教育研究』第3号, 日本家庭教育学会誌, 1998, pp.40-48
12) Luquet, G.H., 1927, *Le dessin enfantin*. Paris: Alcan（G.H.リュケ『子どもの絵―児童画研究の源流』須賀哲夫監訳, 金子書房, 1979, pp.90-91）
13) Luquet, G.H., 前掲書, p.91
14) Luquet, G.H., 前掲書, p.97
15) Luquet, G.H., 前掲書, pp.99-114
16) Read, H., 1956, *Education through art*. Faber & Faber: 3rd Revised（H.リード『芸術による教育』宮脇理・岩崎清・直江俊雄訳, フィルムアート社, 2001, pp.157-162）
17) Read, H., 前掲書, p.157
18) 岩田誠, 前掲書, p.82
19) 岩田誠, 前掲書, p.86
20) Luquet, G.H., 前掲書, pp.43-50
21) Luquet, G.H., 前掲書, pp.33-36
22) 松村明編『大辞林／第3版』三省堂, 2006

第3章　描画の視覚的な情報〜視覚的文脈へ

第1節　本章の概要

　前章では，子どもが絵を描く行為を，認知処理のプロセスとして捉えて，その過程を解明しようと試みた。そこでは意図したことを描画行為として実行する際，画面上に描かれたものを見てそれに解釈を与えることにより，次の意図が生み出され，さらに描き続けるという継続のプロセスが見えた。そこでの解釈というのは主に言語的な解釈であったが，子ども達は画面上の要素を知覚するレベルにおいても，次への行為につながる手がかりを得ているのではないかということが問題として挙げられた。そこで，子どもが描画を継続させるための画面上の視覚情報と行為との関係について，さらに詳しい考察がなされるべきであると思われる。

　第3章では以上の問題意識のもと，画面上に描かれた視覚的な要素が，描画を継続させるためにどのように影響していくのかを3つの観点から見ていく。つまり，描画手順という観点から，形態独自の情緒的内容という観点から，同じ形を繰り返して描く子どもの発達的特性という観点から見ていく。

第2節　研究方法

　第3章の研究方法としては，これまでの描画プロセス研究や，視覚心理学の知見を参考にしながら，筆者が調査した実際の描画データから整理して，考察していく。筆者が行なった調査観察と観察記録の概要は下記のとおりである。

a．筆者の長男である幼児K（男）が4年4ヶ月（1歳6ヶ月〜5歳10ヶ月）の間に自由に描いた描画（1ヶ月に約3〜20枚収録）とその観察記録。描画は主にB5〜B4用紙にサインペンで描いた350点の作品やホワイトボードに落書き的に描いた絵。その他被験者6名の保護者にお願いし，1歳頃から5歳までの描画を記録したデータ。

b．筆者の主宰する絵画教室で，3歳児〜6歳児が自由に描いた絵画作品。主に画用紙にサインペンやパスで描いたもの。

c．幼稚園の中で，特定のきっかけから絵を描くという課題的設定保育を行なった際の3〜6歳児の描画と，描画過程の観察記録。四つ切り画用紙に絵の具で描いたり，何かを貼ることをきっかけに描いたものもある。

d．大学生に実験的に行なった描画データ。

第3節　描画手順と文脈

（1）描画手順について

　多くの研究から明らかにされているように，幼児は最初に描こうとするものを紙面の中心に描いたり，描こうとするものと紙面の関係性を考えずに描画する事が多い。図式期になると基底線を描いて画面の構図をある程度意識しはじめるが，常にそうではなく，別の場面では思いついたものから描き，描きながらイメージをさらに追加して形にしていくという，ある意味"無計画性"の要素が多くみられる。

　そこで重要となってくるのが，描画手順であると考える。つまりどの線から，どの位置から先に描くのか，どの方向に描くのか，思いついたことを文脈の中で描いたものが後の描画行為や内容に影響を与えると考えられる。ほとんど全ての幼児期にみられる「描きながらイメージを広げる」という描き方は，この描画手順と大いに関係があると思われる。ここで仮説的にいうな

らば，描き順，そして描かれたものや空隙の関係性が画面上の視覚情報を生成し，そこから次の手順が自然に導き出され，新たな描画内容に発展する可能性があるともいえる。

　幼児の描画がどのように始まり，現在描いている描画がどのような要因で次への行為（点や線）に移っていくのかという流れの問題を考察する上で，Goodnow, J., Freeman, N.H., Wallon, Ph., Cambier, A., Engelhart, D., Thomas, G.V., Silk, A.M.J., Cox, M.V. などの近年の描画プロセス研究を参考にする事ができる。幼児が描画の過程で選択する線や描き順，配置，大きさなどが，描画行為を引き出す文脈とどのように関係しているのか，先行文献を参考に，筆者の実際の観察データをもとに，整理をする。

（2）描画単位の選択による文脈性

　描画は，順を追って継続的に構成されていくので，始めに描かれたものが後から描き足されるものの基準を与える。例えば Goodnow, J. は，たいていの子どもが描く人物画に焦点を当て，どのように描いていくのか，そのパターンや描き順の分析を詳細に行なっている。子どもの描画のパターンはいくつかの単位（点，線，円，小斑点，かたまり等）が相互に関係し合ってできているが，Goodnow, J. によると，人物画を描くときに単位の選択と配合の仕方により，境界や仕切り，単位と単位を隔てる空隙が変化し，形態パターン間の差異をもたらす[1]という。この差異はたとえ小さくても，その後に描く内容に多少なりとも影響を与える可能性がある。

　そこで，筆者はこれまで収集してきた様々な子どもの描画の中から人物画や動物の図式の構成要素のパターンを5つに分類し（図1～図5），それぞれの特徴を考察した。これらの特徴はどのように次への行為（文脈）につながっていくのだろうか。その結果は次のようであった。

パターン①

図1　腕または足に棒状の記号を使うパターン

パターン②

図2　形態単位の組み合わせによる人物または動物（垂直配置）のパターン

パターン③

図3　形態単位の組み合わせによる人物または動物（単位の操作で動きを表現）

パターン④

図4　包絡線を使用することによりアンバランスになる

パターン⑤

図5　包絡線を使用することにより動きや向きを表現

　以上，5つの人物あるいは動物の画像グループはそれぞれ特有のパターンを持っている。パターン④⑤の包絡線（embracing line）[2]とは，Goodnow, J.が使用した言葉で，二つのもしくはそれ以上の領域を合わせて一つの領域とした，取り囲む輪郭のことである。

この5つのパターンは大きく分けて次のように大別できる。
・身体の一部に棒線の記号を使用する描き方（パターン①）
・四角や円など単純な形態単位を積み木のように組み合わせて描く方法（パターン②③）
・包絡線で全身あるいは身体の一部を描く方法（パターン④⑤）と分けられる。

　まずパターン①の棒線は手や足の象徴として表われている。この線は単に記号的表記とも捉えられるが，これまで子ども達が描いてきた人物画，つまり頭足類に描かれた手足を象徴する線の延長として捉えたとき，鬼丸吉弘のいう考えを参考にすることができる。つまり，線はある方向に向かっての運動を示すから「方向線」であり，未知の空間を探る働きをするので「触知線」であるという[3]。この考えを採用すると，ここに描かれた線は描いた子どもの意図や志向を表したものといえる。単にものを持つという物理的意味だけでなく，心が外に向けられている（開放されている）時に手や足を描こうとするのである。この線を操作することに慣れると，人物の動きや方向を容易に表現できるだろう。逆に描いた線が偶然に向けられた方向や角度により，その後に形態からの連想が起こり，描かれつつある物語が変容する可能性もある。

　パターン②と③はどちらとも単純な形を組み合わせて構成した人物（動物）画であるが，②は形態単位が垂直に配置されていて，どれも同じような人体構図になっている。印象的には動きが止まっているという感じであろう。Arnheim, R.によれば，象徴的表現を描き出すための単位は対象の「構造」に基づいており，例えば人物画の基本的「構造」はその垂直軸にあり，それゆえに子どもは人物を描く際，この垂直性を表現しようとするという[4]。しかし，パターン③は同じ単純な形態単位の組み合わせではあるが，それを自由に配置を変えて動きを表現している。こうした形態単位を組み合わせて描く子どもでは，パターン②は年中時（4歳）に多く，年長児（5歳児以降）に

第3章 描画の視覚的な情報～視覚的文脈へ　71

なると，パターン③のように，組み合わせを操作することが多くなる。

　こうしたモチーフを構成する一つひとつの単位は，元をたどれば円とか長方形とかの基本的な「図案（diagrams）」である。Kellogg, R. は，子どもは視覚的秩序とバランスを追求するなかで，この図案を二つ結び合わせて「結合図（combines）」（例えば二つの円の接合）にしたり，三つ以上を合わせて「集合図（aggregates）」（円を十字状の直線で区切るなど）にし，さらに，これら様々の合成図の中から，次第に気に入ったものをごく少数選んで反復し，やがてそれらを用いて人や物を表現するようになる[5]と述べている。パターン③は，この単位を文脈に合わせて変形させたり，組み合わせを自由に操作して，人物や動物の動きを表現したものといえる。

　パターン④と⑤は，包絡的輪郭（二つのもしくはそれ以上の領域を合わせて一つの領域とするもの）を使用していることが特徴である。包絡線を用いた場合は，流動的で生き生きとした動きの表現が可能になるといえる。ただし，パターン④のように包絡線を描くには部分と部分の相関関係を捉えなければならないので，慣れない幼児にとって結果的に奇妙な釣り合いの取れないものになりがちでもある。例えば人物画において不釣り合いな大きな手を描いたり，羽のような指を描く方法（図6）について，心理的な観点からその要因を探る見解もあるが，Goodnow, J. の考え方でいうと，包絡線で描く上で，腕や指の必要な幅を調整することが困難なため，「子どもは空間の重なり合いを避けるような解決法を求めていろいろな試みをなす」[6]のである。図6では，幼児は最初に人を描こうとして，包絡線を使用し指を描こうとしたが腕が羽のようになったため，「大きな手になっちゃった。これは鳥の羽だ

図6　「大きな手になっちゃった。これは鳥の羽だよ。」（4歳／生後65ヶ月）

よ。」と解釈した。線の選択により描こうとするものの意味が変化した例である。子どもがどのような線を選ぶか，包絡的輪郭で描くかどうかは年齢や描く目的により左右されるが，描かれた形態の見え（パターン）は，その後の描画の流れをつくるきっかけになるので，視覚的な文脈を考察する上でも参考になる。

（3）描き順と文脈との関連

近年の描画プロセス研究では，描き順の始めの方で描かれたものが，後に描かれるものに対して制約をもうけ限界を定めることになるということに関して詳細な調査を行っている。描き順とは，ある一つの形態を描くときに，どこから線や点など部分を描いていくかという形態の描き順と，一つの画面に意味かたまりをどういう順番に配置していくかという，配置の順番がある。この項では，線や点など部分の描き順が，その後の描画に様々な差異をもたらし，そのことが描きながらイメージを広げるきっかけとなる可能性を見ていく。

幼児は，いつも描いている特定の形態でも，ときに，ある部分が省略されて描かれることがある。それは描き順の偶然的あるいは恣意的な変更により生じることが考えられる。例えば，図7の子どもの絵は，(a) と (b) はどちらも手足が対ごとにそろえられて描かれたものである。またどちらも上から下に描き進んで，逆戻りはなかった。全てが整然として描き忘れはなかった。しかし，右側 (c) は，あちこちてんでんばらばらな描き順で描かれたあげく，腕を

図7　描き順と省略の起きやすさ

一本描き忘れている。Goodnow, J. は，以上の例を挙げ，描き順がその後に描く事柄に影響する事を述べ，子どもの手慣れた描き順を改めたり捨てさせたりすると誤りが生じやすくなるという[7]。

　そこで筆者は，年中児と年長児（5，6歳児）20人に対して，人物の鼻から絵を描くことを指示し，どのような形態になるのかを観察するという実験的保育を行なった。この幼児たちは普段は人物を描くときには顔の輪郭から描くので，鼻からスタートすることは，手慣れた描き順を崩す行為となった。その時の幼児の様子は，いつもの描く手順を見失ったため，実際の友達の顔を見ることを手がかりにしながら描くことが多かった（図8）。結果として，最初に鼻を描いた後，その鼻の大きさが基準になり，鼻と目，鼻と口の距離や配置を考えながら描き，最後に顔の輪郭を描くと紙面全体が顔だけになってしまうことが多かった。最初に渡した紙は八つ切り画用紙（サイズ約39×27cm）1枚であったが，幼児は追加の紙を保育者（筆者）に要求した。そして，もう一枚の八つ切り画用紙を下に貼付け，胴体や足を付け加えた。さらにもう一枚追加したり，髪の毛を別の紙で付け加えたりした幼児もいた。ほとんどの子ども達は，いつもと異なる描き方による結果を楽しんだが，年長

図8　鼻から描いた絵

児は不服を感じている様子も見られた。そしてできた作品を「変な人」「おばけ」などと意味付けることもあった。

次に，描いた子ども達は普段はどのような人物画を描くのか調べるために，先ほどの課題の絵を描いた直後，さらにもう1枚の紙を渡し，今度は好きな絵を描いてもよいと指示した。すると1枚の紙に，普段描いている概念的人物画を計画的に描いた。図9の画像は，a子，b子，c子，d子の4人の子どもが，最初に描いた課題画（左）と後に描いた自由画（右）を並べたものである。a，b，c，dの左右の絵はそれぞれ連続で描いたものであるが，描き慣れた順序を崩すことで，あまりにも異なる絵の結果になることがよく分かる。これはこの保育を受けたほとんどの幼児が同じ結果であった。この例にあげたb，c，dの幼児は左側の絵を「男の人」右を「女の子」と意味付けた。これは，左の絵では，「男の人」をはじめから描くつもりはなく，紙面上に長い髪の毛が描けなかったため，結果的に後から「男の人」と意味付けたと予測される。

以上の結果をみると，Goodnow, J. のいうように，描き順はその後に描く事柄に影響すること，そして手慣れた描き順を改めたり捨てさせたりするとアンバランスな，子どもが意図しない形態が生じやすくなるということが明らかになった。

図9　鼻から描いた絵と通常の描き順で描いた絵の比較

さて，子どもが人物画で頭部を相対的に過大に描くとことに対して，Freeman, N.H. は，「頭の優位性は子どもが人物について浮かべる内面の表象よりも，それを描く描き順に関係するのではないか」[8]と考えた。そして子どもが普通身体を描く前に頭を描く事実をあげ，頭の大きさの過大評価は，子どもたちがたまたま，視覚的に正確に胴体と足を描くための十分な空間を残し損なった結果であると指摘している。上記筆者の鼻から描く絵の実験的保育は，意図的に顔から描くことを意識させたため，Freeman, N.H. のいうように，紙面の空間がなくなり，結果的に頭部が大きくなったことが証明された。さらに，同じ幼児に普段の描き慣れた人物を描いてもらうと，空間の配置を意識しながら描き，一枚の紙に胴体，足，髪の毛まで配置して描き込むことができた。慣れている絵を慣れた描き順で描いたので，プランどおりに描けたのだと思われる。ただし，Freeman, N.H. のいうように，頭部の大きさは胴体に比べてまだ大きいといえる（図9のa，b，c，dそれぞれの右図）。

それでは，普段頭部から先に描く幼児対象に，胴体から描くよう指示してみるとどうなるであろうか。頭部と胴体，足などのバランス性が変化するであろうか。これに関しては，Thomas, G.V. と Tsalimi, A. [9][10]の先行研究がある。彼らは，自発的に胴体や脚を先に描く少数の子どもの絵には，頭を過剰に大きくすることは見られないことを確かめた。また子どもに胴体から描きはじめるように要求したところ，でき上がった描画は，視覚的に正確な比率（だいたい1：6）に近い頭と身体の割合を見せたという。

そこで筆者は，このことを検証するため，4歳と5歳児それぞれ10名，計20名を対象に，胴体から先に描く描画の保育を試みた。方法としては，実験的な方法ではなく，子どもが意欲的に活動の過程を楽しみながら自然に人物画を描くようするためにテーマを設けた。また，皆が同じ胴体の大きさになるよう工夫した。具体的には，「オシャレな服を作ろう」とし，先に服の部分の布（大きさを統一）を配付し，そこに柄布を貼ったりペンで装飾をした

76　第Ⅰ部　基礎的研究

図10　胴体から描く（年長）

図11　胴体から描く（年中）

りした。それを画用紙に貼り，顔や手足を描くよう順序を指定した。

　結果は図10と図11のようになった。図10は年長児の作品群であり，図11は年中児のものである。画面に胴体を先に配置した場合，顔，手足の大きさがそれに応じてバランスよく描かれていることが分かる。髪の毛や脚，靴までが計画的に配置されているようである。年長児は首や耳を描いたり，手に動きをつくり，絵画全体にストーリー性を持たせているものが多かった。一方，年中児の中には，普段，人物画を描くときに胴体を描かず頭足類をもって人物を表現する幼児も含まれているためか，「オシャレな服」の布を胴体と認識しているのだが，腕を描く場所や手の描き方に戸惑いが見られた。図11の右下の絵は，頭足類を服の上に描いている。これは，人物画における胴体と全体との区別が曖昧であり，胴体（「オシャレな服」）と頭部の関係性がつかめていないことが考えられる。

　頭と身体の割合については，年長も年中も，1：2か，1：3くらいであり，Thomas, G.V.と Tsalimi, A.の先行研究の1：6とは相違があった。しかし，図9のa，b，c，d児の右の絵は，普段から自主的に描かれる絵であるが，それが頭部と身体の割合が1：1が多いことを考えると，胴体から先に描くことによって，頭部の大きさは小さめになったといえる。つまり，描き順によって描かれる形態のバランスが大きく変化することが証明されたと言える。

　バランスが変化することは，画面に登場するものに動きが生まれたり，空間に緊張感が生じ，新たな文脈が流れ出す可能性がある。そして，新たなイメージの展開や行為のきっかけが起こると考えられる。

（4）大きさによる文脈性

　一般に投影的な描画に関する文献では，ほとんどが描画に描かれる人物の大きさに重要な意味があるとしているし，関心のあるものは強調されるとしている[11)][12)]。また描画発達の研究では幼児期の子どもは自己中心性の特性

もあり，重要さを示すものに大きさを用いると考えられることも多い。文化，習慣の中でも，例えば古代エジプトの墓の壁画では，絵の中の人物の大きさは，描かれた人物の重要さを示すことに用いられていることが分かっている。このように画面に描かれたものの大きさは，一つの視覚情報となりその後の描画内容に影響を及ぼすのではなかろうか。特に幼児の特性や偶然性によって最初に大きく描かれたものは，物語の主役，あるいは意識の中心になり，その後の描画内容に影響を及ぼすことが予測される。

人物画における頭と胴の大きさは，描く順序や紙のスペースに影響されるということを前項で見てきた。このように，大きさの情報からどのような文脈が起こるか，さらに検討する。

観察研究の中では，子どもは最初に描いたものと後から描くものの大きさの差異を，意味に結びつけることをすることがよく見られた。例えば，最初に適当に描いた人物画あるいは虫などの生き物が，後に描いたものよりも大きい場合，後に描いた者は小さいので「あかちゃん」あるいは「子どもの自分」にし，先に描いた大きい形態は「大人」という設定にするのである。こうした大きさによる意味の発生は，筆者の縦断研究の中で，生後31ヶ月の幼児Kに見られた（図12）。幼児Kは，生後28ヶ月目から，独立した円を単独で何枚も描いていたが，31ヶ月目にはこの円の大きさに意味を見いだし，大きい円を描き「パパ」とし，小さい円を描き「ケンクン，小さい」（ケンクンとは本人のこと）と言った。この幼児にとって形態の大きさからイメージが発想され意味付けられた最初の例である[13]。

図12　幼児K，生後31ヶ月の絵。一番大きい円形を「パパ」，小さい円形を本人と意味付けた

また大きさの差異は，遠近感を認識させる指標にもなる。手順によっ

第3章 描画の視覚的な情報〜視覚的文脈へ　79

て偶然的にできた形態の大きさが，遠近感を認識させるとなると，その後の物語性に影響を与えることになるので，ここで，子どもはサイズと距離の関係をどのように捉えているのか検討しておく。図式期の子どもたちの多くは，絵の中の小さいものが遠くにあるように見えるということを理解している[14]。一方でこの時期の子どもの描き方の特徴として，紙の上部に描かれているものを遠いものと認識することもあり，それは"積み上げ遠近構図"とも言われる[15]。では，幼児にとって遠くにあることを意味するのは小さいものなのか，紙の上の方にあるものだろうか。Cox, M.V. と Nieland, M. は，5歳から10歳の子どもと大人に対して，縮尺の違う，あるいは同等の人物の絵を1枚の紙の上下に描いた図13のカード a〜d を子どもに見せ，どちらが遠くに見えるのか質問するという実験を行なった。その結果，上の男の子が下の男の子より小さい場合（c カード），年少児を含むほとんど全ての子どもが上の方を遠い方として，下の方を近くに見える方として選んだ。次に，同じサイズの絵の時（a と b），距離についての規約的な手がかりは紙の上下の位置であるが，実際は結果は特に上の男の子の図が遠いものとして選ばれることはなく，上の絵も下の絵もほぼ等しい比率で選ばれた。最後に，上の男の子が下の男の子より大きいとき（d）は，上の方を近い方として，下の方を遠くに見える方として選んだ割合が高かった。以上の結果から，「紙の上下でなく，そのもののサイズが，観察者からの距離を判断するときのより重要な手がかりである」[16]と結論

図13　この4枚の絵のそれぞれについて，どちらの人物が近くに見え，どちらか遠くに見えるかの実験

付けている。Cox, M.V.らの調査から，図式期の子どもは，描かれたもののサイズという視覚性が距離感を感じさせ，その後に描く内容に，ある程度影響していく可能性が示された。

　ここまでの考察から，描画手順により画面上に創り出される視覚情報や，描かれた形態のサイズの情報が，描画内容の意味生成に影響を及ぼす可能性があることが分った。このことは幼児期のみでなく，その後の描画活動においても，その過程で起こりうると考えられる。ただ，幼児期は，画面に絵を描くときに計画的に取り組むことはまだ少なく，最初に述べたように自己中心性や偶然性による線や形態が描かれることが多く，例えば最初に大きく描いたものが物語の主役になることも考えられる。こうしたことが，新たな文脈が生成しやすい要因であり，「描く中でイメージを広げていく」ことにつながると思われる。

第4節　形態と空隙の情緒的内容

(1) 形態の情緒的内容

　視覚心理学の知見によると，視覚形態は単なる色彩，テクスチュア，形態以上のものを表すといわれる。つまり，感覚的なものや特定の感情あるいは情緒，力，静けさ，緊張，ゆううつさなどを表したり，伝えたり，引き出したりするという。こうしたことは，画面に描かれたものの'見え'によって，新たな描画内容に移行するきっかけをつくる可能性を示している。図14は，幼児Kが生後38ヶ月から42ヶ月にかけて描いた絵であるが，この時期，自分が描く形態に感覚的，情緒的なイメージ（ことば）を付けることが多かった。例えば14-1「ふかんふかん」，14-2「顔がふわんふわん」14-3「ホコホコのひこうき」14-4「ホコホコのサメ」14-5「ギザギザの顔」といった具合である。また，線をひく動きの感覚を14-6「ひこうきがシャーととんでる」14-7「ひこうきがピューととんでく」という表現をのせた。14-8では，描いた雲

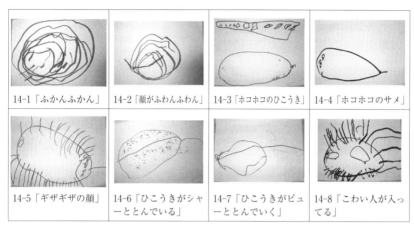

図14 情緒的な意味付けがなされた，幼児Kの作品

囲気にあわせて「こわい人が入っている」「くものサメ」「こわいサメ」と付け加えた。当時の観察記録によると，幼児Kは，はじめから，これらの意味の絵を描こうとしたわけではなく，偶然できた形に感覚的な言葉を付けて，観察者（筆者）に伝えたのである。これまで描いていた，単純な円や線の組み合わせであるが，そこに描かれた形態の全体的あるいは一部の印象が，感覚を刺激し，情緒的な意味付けを行なわせた事例である。

　以上のように，視覚形態は，形式的な記号や色彩など外見の情報を超えて，特定の感情や情緒などを表すことができる。これはどのように説明されるのだろうか。Eisner, E.W. はこのことに関して二つの考えを紹介している[17]。一つは連想学説で，私達は，感情や感覚をともなう経験を重ねることにより，画面上の形態と感情を関連づけることができるという説である。知っていること（感情や感覚をともなう記憶）によって，形態の情報を価値付けることができるようになるという考えである。上記幼児Kの事例でいうと，例えば14-2「顔がふわんふわん」という特定の感情（感覚）を持つと言うことは，画面上の視覚情報の全体あるいは一部が，これまでの体験と重なり，そこから連想されたものであるということになる。それは「ふわんふわん」という

視覚的イメージや，オノマトペのような言語的，聴覚的イメージ，あるいはふわふわのパンなどの印象から来る触覚的，味覚的イメージかもしれない。

　もう一つの理論は，形態それ自体の特性，すなわち，地と図の関係が感情の質を決定すると主張するものである。「この理論は，地と図の関係は，それらから生ずる情報によって知覚され，われわれの視知覚組織がそれに反応するというものである。これらの関係は，われわれの神経組織にある反応を引き起こすのである。」つまり，経験や学習とは関係なく，全ての視覚形態が，情緒的性格を持っているということである。Arnheim, R. は，「情感は知覚の第一義的内容である」[18]と指摘している。彼によれば，人は視覚形態を分析的に知覚する前にその情緒的性格を知覚し，そうすることで，知覚対象の感情的性質を経験するという。上記幼児Kの事例でいうと，「ふわんふわん」「こわい」などの形態に特定の感情（感覚）を持つと言うことは，単に連想あるいは学習といった事柄ではなく，それは形態自体が持つ固有の特性によるものであるということになる。

　Eisner, E.W. は以上の二つの仮説について「視覚形態にわれわれがどのように反応するかということは，形態とそれを見るものの双方に見いだされる特性に依存している」と見解を示し，どちらが正しいかという発言はしていない。いずれにせよ，私達たちは知覚する全てのものを，モノや事象のもたらす感情の特性に関連づけてみることができる。つまり，ある特定の視覚形態が画面上に描かれていると，その線や色彩，テクスチュア，又は内容の要素間の配置などを知覚することにより，特定の情緒，力，静けさ，緊張，憂鬱さなどを感じることがあるということが確認できた。

（2）基礎平面と異方性

　日本の学校，保育現場では通常，絵を描くときには大体決まったサイズの画用紙を使用することが慣例的に多い[注1]。特に四つ切り画用紙（四六判と呼ばれるサイズ／392mm×542mmを4等分したサイズ）またはその半分サイズの八

つ切り画用紙がよく使われる。もちろん，他にも様々なサイズの紙が絵を描く画面として用いられる。さて，絵の内容を受入れるべきこのような紙は，「基礎平面」と呼ばれ，二本の水平線と二本の垂直線により限定され，それによって，その周辺のスペースから独立した存在として認識される。そして，この基礎平面のそのものの性質が，芸術家の能力とは無関係なところで作用し[19]，描く内容を左右するという説がある。

バウハウスの立役者であり，また画家でもあったKandinskyは制作のための諸原則をテキストにより提示した。特にフォルムに関して分析・考察をした『点・線・面』(1959) の中で，基礎平面について持論を展開している。基礎平面となる画用紙は外面的には「白紙の四角形」にすぎないが，Kandinskyによると，この白紙の平面は「生物」であり「息吹が感じられ」「生命を持つ有機体」[20]であるという。

この基礎平面の性質を語る前に，Kandinskyは「水平線」と「垂直線」の特性について下記のように述べている。そして基礎平面はこの二組の水平線と垂直線によって囲まれているので，縦長か，横長の画面かによって，冷たい感じが強く響いてくるのか，温かい感じのほうが強響くのか定まってくるという（図15）。

・水平線……人間の観念にある水平線とは，人間がその上で立ったり動い

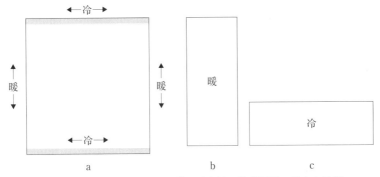

図15　Kandinskyによる水平線，垂直線，基礎平面の暖冷の性質

たりする線である。したがって水平線は、様々な方向へ平坦に広がりゆく、物を載せ、冷たい感じのする線である。冷たさと平坦とがこの線の基調であり、無限の冷たい運動性を表すもっとも簡潔な形態、と呼ぶことができる。

・垂直線……上記水平線に外面的にも内面的にも対立する。垂直線は様々な方向へ高揚し、暖かい感じのする線である。無限の温かい運動性を表すもっとも簡潔な形態である。

・基礎平面……水平線、垂直線の長さの比率の優位性によって、個々の要素ははじめから冷たい雰囲気、温かい雰囲気のいずれかに引き入れられる。そしてこの状態は、その後いかに多くの対立的な要素が加わっても、完全に取り除かれることはない。

さらに、画面の上・下・左・右についての特性についても、以下のように説明している[21]。上、下に関しては軽重の印象が変化すること、左右に関しては軽重の印象と同時に運動感の変化の違いを述べている（図16）。

・上……《稀薄感》基礎平面の上辺に近づけば近づくだけ、まるで一つひ

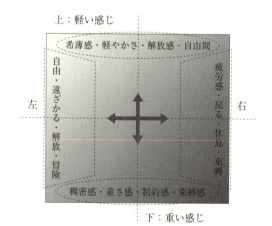

図16　Kandinskyによる、基礎平面にみられる上下の軽重の感じと、左右の運動感

とつの微小な平面が，いっそう細かく分解してゆくといった風にみえる。《軽やかさ》上辺部では重さを失い，それだけ，重みに耐える力を失うことになる。その結果，基礎平面の上部にやや重い感じのする形態を置くと，非常に重たい感じのものとなる。また上辺部は《解放》といった感じ，さらには《自由》の感じを呼びさます。抑制作用は最小限に減少する。

- 下……基礎平面の下辺に近づけば近づくほど，雰囲気は《稠密感》を増し，一つひとつの微小な平面は，次第に接近し合う。そして下に行くほど《重さ》を増し，大きく重い感じの形態にもらくらくと耐えるようになってゆく。上昇は下に行くほど困難になる。また下方に近づくにつれ運動の自由は次第に《制約》され，《束縛》といった感じを高める。抑制作用は最大限に達する。
- 左……稀薄といった観念，軽やかさとか解放といった感じ，さらには自由の感じを呼びさます。したがって，「上」の項で述べたことと同じ観念が存在する。さらに Kandinsky は，左の縁に近づくにつれ次のような運動性が感じられるという。「自由を求めて出る」「遠方を目指す運動」「住み慣れた環境から遠ざかる」「慣習形式から解放されて」「冒険を目指す」このような運動は左に行くにつれて，次第にその強さと速度を増してゆく。
- 右……稠密さ，重さ，束縛といった感じをもつ。したがって，「下」の項で述べたようなことと同じ観念が存在する。さらに右の縁に近づくにつれ，運動性や状態は次のように感じられるという。「束縛を求める」「家へ戻る運動」「一種の疲労感がともなう」「休息を目指す」「運動は正気を失い，緩慢になる」「緊張は弱まる」「運動は制約されてくる」

　上記のようなことを Kandinsky は「芸術家でない素人にはこうした主張は奇異の感を抱かせるかもしれぬ」と自分の説の特殊性を強調しているが，実際に私達の一般的な感覚はどうなのであろうか。もし，Kandinsky のい

う基礎平面の温度の響きや，画面上下の軽重感，左右の運動感が一般性をもつなら，子ども達が絵を描くとき，画面上に描かれたものだけでなく，画面自体の形態や位置関係の情報が描画内容を決定する可能性があるということになる。

このことを検証するため，筆者は大学生100人を対象に下記の調査を行った。

（3）基礎平面の異方性についての検証
①目的
Kandinskyのいう，基礎平面の寒暖の響きと，画面上下の軽重感，左右の運動感の特徴を検証する。

②対象
大学生100名（19歳〜20歳）

③方法
　ⅰ）図15のｂ，ｃの図をコピーしたものをみせて，学生に「温かく感じる」「冷たく感じる」を選択してもらった。

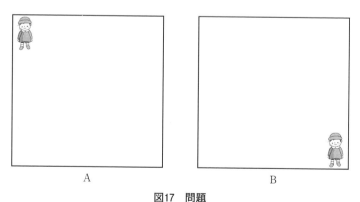

図17　問題

ⅱ) 図17のA，B二つの対照的な問題図を提示し，描画と記述を行う。描画されたものの内容や印象が，Kandinskyの著書『点・線・面』中の上下左右についての特徴的なワード（表1）に当てはまるかどうか検証した。

④ⅱの質問内容
　画面上の子どもは，どんな状況にいますか？自由に想像して，画面上に絵を描き足してください。また画面右に「～にいるところ」「～しようとしている」「～になっている状況」など言葉で説明してもよい。

⑤結果と考察
　基礎平面の温度の響きについては，Kandinskyが「温かい響き」をもつという縦長（b）は100名中25名がそのとおりであると回答した。そして「冷たい響き」を持つという横長（c）も同じく100名中25名がそうであると答えた。つまり75％の学生は，縦長，横長の基礎平面について，Kandinskyのいう響きが感じられなかったという結果であった。この結果については，調査方法に欠点があった可能性がある。つまり，今回の調査は，紙に縦長と横長の長方形をならべて，寒・暖を選択するという方法にしたため，被験者に本来の基礎平面の意味が伝わっていなかった感がある。基礎平面からの印象を検証するには，縦長の画用紙，横長の画用紙，それぞれを別に提示して，どのように感じるか，どのような描画をするか検証する必要があったと思われた。これは今後の課題となる。

表1　Kandinskyのキーワード

上と左の特徴	1. 希薄感　2. 軽やかさ　3. 解放感　4. 自由感　5. 遠ざかる　6. 冒険
下と右の特徴	7. 疲労感　8. 戻る　9. 休息　10. 束縛　11. 稠蜜感　12. 重さ感　13. 制約感

画面上下の軽重感，左右の運動感の特徴についての検証は，問題Aの画面に描画された絵の内容や印象が，表1のワードに当てはまる場合1ポイントとし，100枚の絵について調べた。調査は筆者と美術教育に関心のある大学生2名，計3名で行なった。一つの絵に二つ以上のワードが当てはまる場合はそれぞれのワードに点数をいれた。また表1のワードに全く当てはまらないものや絵が曖昧で分かりにくいものは点数を入れていない。キーワードごとの総数を表した結果が表2に示したものである。同様に問題Bについては，表3のようになった。また追加描画されたものから代表的なものを図18のA欄とB欄に示した。

　表2から分かるように，問題Aに追加描画されたもののなかで10ポイントを超えたものは「軽やかさ」「自由感」「遠ざかる」であった。例えば図18のA欄にあるように，左上部の人物が，高台などの上から，下を見下ろしている様子や，左上部から，全体を眺めている様子を描いたものが多かった。これは「自由感」に含めた。また羽根をはやして飛んでいく，気球に載って飛んでいくといった「軽やかさ」の印象や，「解放感」を与えるものが多かった。飛んで行くというのは，「遠ざかる」というカテゴリーにも当てはまる。

　一方，問題Bに追加された内容のカテゴリーは表3に示したが，そこでは「休息」「稠密感」「重さ感」が10ポイントを超えた。「休息」というカテゴリーでは，何かを傍観している，待っているという内容を含めた。多くは地面

表2　結果　問題Aに出てきた描画印象の数

A	1.希薄感	2.軽やかさ	3.解放感	4.自由感	5.遠ざかる	6.冒険	7.疲労感	8.戻る	9.休息	10.束縛	11.稠密感	12.重さ感	13.制約感
	1	16	5	18	12	6			8				

表3　結果　問題Bに出てきた描画印象の数

B	1.希薄感	2.軽やかさ	3.解放感	4.自由感	5.遠ざかる	6.冒険	7.疲労感	8.戻る	9.休息	10.束縛	11.稠密感	12.重さ感	13.制約感
				1		1	2	8	23	3	21	12	7

第 3 章　描画の視覚的な情報〜視覚的文脈へ　89

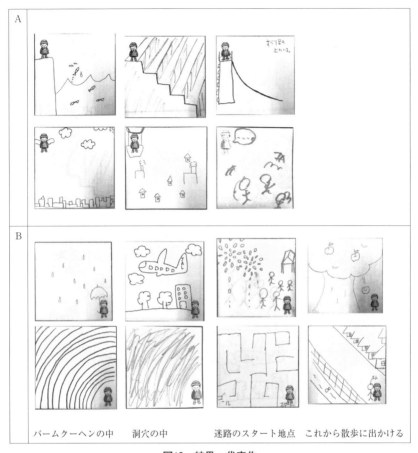

図18　結果：代表作

と空を意識し，何か空から落ちてくるといった，下部の「重さ」が感じられるものが多かった。また図18のB欄の下段には「バームクーヘンの中」「洞穴の中」といった内容をとりあげたが，これは右下部に密集していくような「稠密感」が感じられる。また，kandinskyの著書の中には入っていないキーワードとしては，図18Bにおいて，「始まり」を表す内容も多く見受けられた。つまり，「迷路のスタート地点」や，「これから散歩に出かける」とい

った内容である。

　以上100人の検証結果から，Aの問題図へ追加した描画のうち，Kandinskyのいうワードに当てはまったのが58ポイントで，Bに関しては76ポイントであった。半分以上はあてはまった。このことは，画面の左上や右下に注目したとき，または描くきっかけがある場合，作者の意志とは無関係に上下左右の情報によって，内容の方向性に影響がある可能性があることを示している。ただし，Kandinskyのいうワードに当てはまらないものや曖昧なものが結構あったことをみると，絶対ではない。また，画面を自分自身にどのように位置づけるかという観点からいうと，特に年少期の子どもにおいては，紙面の上部を底部よりも'高い'と認識するとは限らないといえる。

（4）バランスの視覚的情報
①形態の力動性
　私達は何かを見るとき，どんなものでもひとつだけ孤立して見えるということはない。画面上に描かれたものを見るときも，常に描かれたものは周りとの関係の中に存在する。この関係のなかに私達はバランス性を知覚し，ちょうどいいバランス（安定）に保とうと感覚が働く。そこに感情は付随することもある。視覚芸術についてゲシュタルト理論を用いて説明したArnheim, R.によると，「何かを見るということは，それに空間上の位置，全体における位置を賦与するということ」[22]であり，全体と部分の関係において，画面に描かれた「視覚形態はいつも力動的である」[23]という。たとえ画面の中心部に配置された安定した点においても，「中心点のバランスは緊張を持って生き生きとしている。それは静止しているが，それにはエネルギーがこもっている」という。こうした視覚形態の配置自体に独自の'力'が働くという視覚心理学の知見は，子どもが継続して絵を描くなかで描画内容に影響する可能性があるので，ここで取り上げて整理をしておきたい。

　Arnheim, R.は著書『美術と視覚』の最初の例題で図19のような図を示し，

図19　円板のズレの知覚

　四角い画面におかれた黒い円板の位置が中心からずれていることは，抽象概念のような知能，知識，または感情によって分かるものではなく，見ることによって簡単に認識できることであるという。つまり，ズレの認識は「直接に知覚されたものの成分」から起こるというのである。

　では，視覚によって直接に知覚されたものの成分とは何だろうか。Arnheim, R. は次のように述べている。図19の「円板を見れば，それが一定の場所をしめているだけでなく，何となく落ち着かないことが分かる。この落ち着きのなさは円板が現在の位置から逃げようとする傾向である。もっと詳しくいえば，円板は一定の方向，例えば中心の方に引っ張られるような感じなのである。もちろん，円板は現在の位置に縛られているから，実際には動くことはできない。が，それにもかかわらず，円板は周りの正方形に対して内的緊張をみせている。この緊張はやはり知能や空想の付加物ではない。これは大きさや位置や黒さなどと同じように，まさしく知覚された内容である。そして緊張は大きさと方向を持っているから，心理的な「力」であるといえる。」つまり，この図から感じとる，「落ち着きのなさ」「引っ張られるような感じ」「内的緊張」「大きさと方向を持っている」感じは直接知覚される成分から引き起こされるのである。

②誘導される構造

　以上のように述べ，円板は周りの画面との関係性の中で「内的緊張」をもち，それは大きさと方向をもつ，心理的な「力」のはたらく場であるという。そして，Arnheim, R.はこの「何かに引きつけられる」心理的な力は，目に見えない「誘導される構造地図」(図20) に基づくことを明らかにしている[24]。子どものスクリブル描画を多数収集して初期描画について研究したKellogg, R.は，この構造地図と子どもの描画の関係について触れている。子どもは，紙の上に視覚的にバランスがある程度得られるようにスクリブルの位置を決めたり，あるいは先に描いたスクリブルの上に，もう一つ重ねたりするなかで，やがてマンダラの形態に移行すると報告し，それは完全なバランスの追求であり，Arnheim, R.のいう構造地図と一致するとしている[25]。

　さて，誘導される構造は，四角い画面の中で円板が安定すると感じられる場所を探ることにより明らかになってくる。下記のような特徴が存在すると考えられる。

・円板は正方形の真ん中の垂直線と水平線からなる十字形によって影響される。

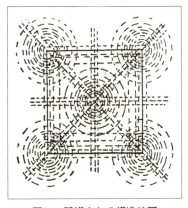

図20　誘導される構造地図

・円板は二つの対角線に拠っても影響される。
・バランスの心理的中心は，この四つの主な骨組みの交点である。
・中心ほど強くはないが，線上の他の点にも引力ははたらいている。
・中心ではすべての力は釣り合っている。したがって安定しやすい。
・安定は，正方形の隅に近いところにもある。

　円板の落ち着く位置というのは，このように，かくれた構造要因の全ての力によって影響してくる。バランスがとれた視覚形態はすべて必然性を持った部分から成り立っているといえる。しかし少しでもこの構造地図（準拠の枠）からずれると，「不愉快な印象が生まれ，どこから引っ張られているのか曖昧模糊としていて，目では円板がどの方向に進もうとしているのかよくわからない。バランスのとれていない配列は，偶然的で，一時的で，したがって不当に見える。その要素はもっと全体構造に適した状態を作り出すように，位置や形を変える傾向を示している。」[26]この傾向に誘発され，ここではたらく私達の感覚は，次へのアクションを作り出す動機となる。

③バランス

　ここまで述べた一つの円板についての事例は，画面と視覚形態との関係を探るため，もっともシンプルに説明しようとしたものである。しかし実際の絵画はもっと複雑である。例えば，枠内の円板を二つにするだけで，また新たな力の関係性が発生する。

　図21は，Arnheim, R. が芸術作品の複雑さを語るために二つ目に用意した問題図である。二つの円板をみると，それぞれが相互にバランスをとろうとするのが分かる。左図のaにある円板の位置は一つだけではアンバランスであるが，「二つあってはじめて相称な静止した対になる」[注2]。そしてこの空間に安定して位置づくように見える。しかし，対になった同じ二つの円板でもbのように同時にずらすとアンバランスを感じる。この原因の一つは，画面中の二つの円板は大枠で一つの塊（相称な対）と認識しされ，図20の見え

図21　二つの円板のバランス

ない構造図の準拠の枠に沿って知覚される。一方で，一つひとつの円板は，それぞれ画面全体の中で別々の位置を持っている。上の方の円板は構造地図の安定した位置を占めているが，下のほうの円板は安定の少ない位置にある。これは，先に見た相称な対としてみたときと，矛盾を生じ，見るものは二つの両立しない見方の間を動揺する。Arnheim, R. は，このような説明をして「視覚形態は空間的環境の構造と関係無しには考えられない」ことを示した。それは形の構造と位置の構造が矛盾することから，曖昧さが出てくることを示しているという。曖昧さは私達に不安，緊張などの感情を生じさせる。

　例えばこの画面にさらに追加描画をする場合，この曖昧さによって，一旦，視覚的な制約から解放されるとも捉えられるが，逆にバランスの進む方向に何かを描き足すよう私達の感覚は働くともいえる。

④バランスを規定する要因〜重さ

　画面に描かれた形態の位置の知覚的効果を語る上で，これまでみてきたようなバランスの要因は重要である。特にArnheim, R. はバランスを規定する二つの因子として重さと，方向について詳しく説明している。

　まず画面に描かれたものの重さについて，Arnheim, R. の著書『美術と視覚』や，Kandinsky の『点・線・面』，本明寛の『造形心理学入門』[27]からまとめると下記のように整理される。

- 重さは位置によってきまる。
  構図の中心にあるか，中心に近いか，または中心縦軸の上にある絵画要素は，図20の構造地図の主軸から離れたものよりも構図上の重さが小さい。
- 構図の上部にあるものは下部にあるものより重い。
  人は一般に中心より上方に鈍く，下方が鋭い。したがって上方は過小視される。下方部分には重いものを置かないとバランスは崩れる。
- 右側の位置は左側の位置より重い。
  これは人の利き手と関係があるという説がある。
- 重さは大きさにも関係がある。
  他の要因が同じなら，大きいものの方が重い。
- 内容上の興味が構図上の重さを作る要因である。
  見るものの注意が絵のある部分に引きつけられることがある。
- 孤立したものは重く見える。
  ぽつんと虚空にある太陽や月は他のものに取り囲まれた似たものより重い。

以上のことをふまえて，前節で行なった学生対象の実験結果を見ると，少なからず，描かれたものの配置によって感じる重さが描画内容に影響していることが理解できる。したがって，画面に描かれた要素など情報から知覚される重さ感覚は，画面上のバランスを意識することにつながり，次に描こうとする描画の内容を決定する一要因となる可能性がある。

⑤バランスを規定する要因～方向

　Arnheim, R.によれば，バランスを規定する要因として，描かれたものの方向性についても記述している。画面に描かれたものの方向も，重さと同じように，バランスを規定する一要因になるという。まとめると下記のようになる。

- 方向は位置によって影響される。
  つまり，描かれたものは図20の構造図の垂直水平線の方向，対角線の方向に引きつけられる感じがある。
- 描かれたもの相互の間に力関係が生じ，方向が規定されることがある。図22はArnheim, R.がロートレックの絵を説明に用いたものである。aの馬は騎手の人物によって後ろの方に引っ張られるように見えるが，bの馬はもう一匹の馬のために前の方に引っ張られるように見える。
- 垂直や水平から少し外れた位置にある細長い線は，構造的に強い方向に引っ張られる。対角線に向かっても同様な引力が存在する。
- 描かれたものの形には軸ができる。この軸には方向のある力ができる。輪郭のはっきりしたものだけに軸ができるのではなく，様々な形の集合形にも軸ができる。例えば図23の人物の群れは三角形の構図となりその軸は上方向に向く。
- 形の軸は二つの反対方向への運動を生ずる。図24の楕円は上方と下方への方向を持っている。
- 題材は方向を持った力を生ずる。人間の顔の向きや視線も方向性をつくり，それがバランスの要因となる。

1枚の絵画の中には，様々な形，色，意味，配置といった要素が内在する。したがって，上に述べた要因が互いに補助しあったり，反発しあったりして，

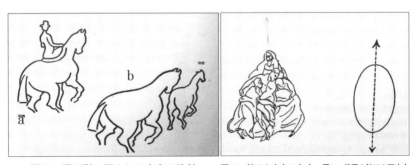

図22　馬が引っ張られる方向の比較　　図23　軸は上方向に向く　　図24　楕円の軸は上下方向

全体のバランスがつくられるといえる。一般的な芸術家はこれらのバランス性を意図的に操作して，画面上に緊張感や安定感を持たせ，自身の表現したいことを鑑賞者に伝える。つまり，絵の中の要素間のバランスを意図的に変えることにより，動きを出したり，物語性を質的に深めたりすることができるのである。

第5節　繰り返して描く子どもの発達的特性

　子ども達は描画過程で，形を繰り返すということを比較的頻繁に行なう。Luquet, G.H. は「ひとつの描画に続いて同じモチーフの絵がひとつあるいは幾つも描かれる」ことを描画の'即時的自動性'[28]として描画行為を引き出す要因の一つとして位置づけている。美術教育では，この自然に行なわれる繰り返しは'発生的マニエリスム'ともいわれ重要視されている。美術教育におけるマニエリスムとは，「作品」がみずからの「作品」に連続することの発生的な論理であり，「作品」づくりの連続性を自らのものにするということである。那賀貞彦は「〈図〉は，獲得された表現の繰り返しにおいてたとえばシリーズを形成し，その繰り返しの連続性としてさらなる展開を遂げていくことになる」「自分の描ける図を連続的に繰り返すことにより，'生きた線'でさらに次の絵画を可能にする。」「自分で発見したマニエリスムこそ絵画をいかようにも多様なものにする言わば核のようなものである」としている[29]。

　そう考えると，子どものマニエリスムに由来する繰り返しは，描画を継続させる要因のみならず，自ら持つ図式を自分のレベルに合わせた形で変形，発展させていく効果があるといえる。

　筆者の縦断的研究の中で，幼児Kは生後38週目において一定の形をシリーズで描くことを頻繁にするようになった（図25）。当時のメモによると，「繰り返し同じ形を描く中で言葉を付けてお話をすることもあれば，無言でひた

すら形を並べることもある」また「一枚の画面に繰り返し形を描くだけでなく，何枚も連続シリーズで，形態をひたすら描いて楽しんでいるようである」ことが記述されている。つまり言葉イメージとは別の次元で視覚的な繰り返しを純粋に楽しんでいるのである。

　また別の幼児Y（4歳男児）は，自分で描いた絵を「くわがた」と言いながら何枚も同じ形を繰り返し描いた（図26）。まるで練習をしているかのようであるが，本人はひたすら描くことを楽しんでいるようであった。よくみると，同じような形態でも少しずつ差異がみられる。年長児になると体験画や空想画が多くなるが，そこでも最初はイメージに沿って描かれていたものが，ある形を何度も繰り返してその，視覚性のみを楽しみはじめることがよくある。図27は運動会の絵を描いたものであるが，はじめはグランドに並ぶ自分や友達を描いていたが，途中から同じ形態を繰り返して描いたものである。これらは全て，最初描いたものに影響されて，そのまま連続的に描こうとする子どもの心理がはたらいている。

　また，図6の人物画を描いた同じ子どもは，その3ヶ月後に図28の人物画を描き始めた。図6の人物画では，すべて指を包絡線で描くことをしていた。しかし，生後67週目に描いた図28の人物画の画面右側の手（指）は指が一本一本独立している。よくみると横に描いた「花」と描き方が同じである。これはこの時期に頻繁に表された描き方で，これまで自分で描いていた花の描き方（図式）を模倣して手指を描いた可能性がある。画面に向かって右側の

図25　幼児K（生後38週）
円の繰り返し描画

図26　幼児Y（4歳男）
くわがたを繰り返し描く

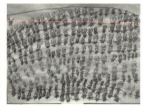
図27　年長児
「運動会でみんな踊っている」

図28　画面右側の手指と横に描いた花が同じ形式の例

手（指）のみが，花の形と同じであることは興味深い。この事例も視覚的レベルでの繰り返しという視覚的な文脈の流れから描かれたといえるだろう。

第6節　まとめ～視覚的文脈の流れを作るもの

　第3章では，画面上の視覚的要素が，いかに描画行為と関連しているのかを大きく三つの観点から見てきた。一つ目は，画面空間が限られている場合，描画の手順は描かれたものと空隙との関係性に影響を及ぼす。そうした視覚情報は，次の描画行為に方向を与えたり制約を課したりする可能性があることが考察された。具体的には，①どんな描画単位（点，線，円，かたまりなど）を使用するか，②どんな描き順で描くか，③どのような大きさで描くか，それぞれの描き方によって，その後の描画の物語性などの内容が変化していく可能性がこれまでの研究と筆者の新たな研究データによって示された。
　二つ目は，描かれた形態と画面空間の性質や，この二つの関係性から来る情緒的内容についても掘り下げて検証した。つまり，④形態自体がもつ情緒的内容，⑤基礎平面の性質，⑥画面上の視覚的要素のバランスが，描画過程の描く内容に影響していく可能性を見てきた。これらのことは，視覚心理学の分野において，一般の芸術作品に関して議論されてきたことである。しかし，果たして子どもの描画においては，どのくらい④⑤⑥について信頼性が

あるのか検証の必要性がある．これに関しては第5章以降で，画面構成過程の分析の中で明らかにしていく．

　三つ目は，画面上に自ら描いたものを即時的に模倣して，次々に継続して描く子どもの心理をみてきた．こうした描画は，何か目新しいものを描くというのもではなく，自分の可能な技術を使い，その時点で保持している形を自分なりのやり方で繰り返す楽しみである．こうした描画は，なぐり描きをする時期から始まり，図式的表現期においても繰り返されることが確認できる．

　本章で見たこの三つの観点は，すべて画面上の視覚的な情報を解釈あるいは知覚し，次のアクションの方向に影響を及ぼす可能性を示している．こうしたことは，視覚的文脈となって，次への行為につながり，描画が継続される要因となるといえる．

(注1) 日本の学校，保育現場ではコンクールに出品参加するところも多い．コンクールでは展示の合理性を考えて，四つ切り画用紙や八つ切り画用紙に描くことが出品条件のことがほとんどである．この流れの影響もあると思われる．

(注2) 『別冊日経サイエンス NO.174 知覚は幻』日経サイエンス社，2010，p.99）によると，ゲシュタルト心理学では，一般に近くに位置する二つの輪郭は同じ図形に属していると知覚される（＝近接の法則）．また，二つの輪郭線が鏡に映したように対象な場合もこれが組になって図形を定めていると知覚される．（＝対象の法則）

第3章　引用文献

1) Goodnow, J., 1977, *Children's drawing*. Harvard University Press（J. グッドナウ『子どもの絵の世界－なぜあのように描くのか－』須賀哲夫訳，サイエンス社，1979，p.15）
2) Goodnow, J., 前掲書，p.45
3) 鬼丸吉弘『児童画のロゴス』勁草書房，1981，pp.36-37
4) Goodnow, J., 前掲書，p.31
5) Kellogg, R., 1969, *Analyzing children's art*. Mayfield Pub Co（R. ケロッグ『児童画の発達過程－なぐり描きからピクチュアへ－』深田尚彦訳，黎明書房，1998，

pp. 101-119

6) Goodnow, J., 前掲書, p. 51
7) Goodnow, J., 前掲書, p. 21
8) Thomas, G.V., Silk, A.M.J., 1990, *An introduction to the psychology of children's drawings.* Harvester Wheatsheaf (G.V. トーマス・A.M.J. シルク『子どもの描画心理学』中川作一監訳, 法政大学出版局, 1996, p. 72)
9) Thomas, G.V., Silk, A.M.J., 前掲書, p. 72
10) 加藤義信編『認知発達心理学入門』ひとなる書房, 2008, pp. 194-196
11) Malchiodi, C.A., 1998, *Understanding children's drawings.* Guilford Publications (キャシーA・マルキオディ『子どもの描画から分かること』小林芳郎訳, 田研出版, 2014, p. 179)
12) Thomas, G.V., Silk, A.M.J., 前掲書, p. 125
13) 栗山誠「初期描画活動における幼児の思考とことばの関連〜Vygotskyの混同心性に注目して〜」『生活科学研究誌』Vol. 7, 2008
14) Cox, M.V., 1992, *Children's drawings.* Penguin Books Ltd (M. コックス『子どもの絵と心の発達』子安増生訳, 有斐閣, 1999, p. 201)
15) 花篤實・岡田憼吾編著『新造形表現』三晃書房, 2009, p. 40
16) Cox, M.V., 前掲書, p. 202
17) Eisner, E.W., 1972, *Educating artistic vision.* Macmillan Pub Co (E.W. アイスナー『美術教育と子どもの知的発達』中瀬律久他訳, 黎明書房, 1986, p. 97
18) Eisner, E.W., 前掲書, p. 94
19) Kandinsky『点・線・面―抽象芸術の基礎』西田秀穂訳, 美術出版社, 1959, p. 128
20) Kandinsky, 前掲書, p. 129
21) Kandinsky, 前掲書, pp. 129-135
22) Arnheim, R., 1956, *Art and visual perception:a psychology of the creative eye.* London, Faber & Faber (アルンハイム『美術と視覚 上』波多野完治・関計夫訳, 美術出版社, 1963, p. 17)
23) Arnheim, R., 前掲書, p. 22
24) Arnheim, R., 前掲書, pp. 19-21
25) Kellogg, R., 前掲書, pp. 70-80
26) Arnheim, R., 前掲書, p. 28
27) 本明寛『造形心理学入門』美術出版社, 1962

28) Luquet, G.H., 1927, *Le dessin enfantin*. Paris: Alcan (G.H.リュケ『子どもの絵―児童画研究の源流』須賀哲夫監訳, 金子書房, 1979, p.37)
29) 那賀貞彦編『美術科教育論―マニエリスム美術教育とは』東信堂, 1988, pp.87-113

第4章 描画過程における触覚性

第1節 本章の概要

　これまで，描画過程における物語的な文脈と視覚的な文脈について検討してきた。物語的な文脈は，画面上に描かれた内容を解釈する中で，ある一連の語りが進展していく流れをつくるものであり，視覚的な文脈は，画面に描かれた視覚的情報を解釈だけでなく知覚することにより，その後の行為に影響を及ぼすという流れをつくるものであった。

　さて，絵画の世界は上記のような，言葉の解釈が可能な物語的要素や，記号の配置など表層面から成り立っているのみではなく，描いた本人の感性による独特な線や色，テクスチャ，空間の使い方などの質感も含めて全体の特徴が見えてくる。こうした絵画の特質は，触覚性といわれることがある。

　こうした独特な感覚的な質感は，本研究にどのように位置づけられるであろうか。つまり子どもの描画過程においてはこの触覚性はどのように現れてくるのであろうか。幼児の初期描画活動においては，感覚運動によるスクリブルの段階からこうした触覚性がはたらいているとみなすのが自然であろう。このことはこれまでの筆者の初期描画活動における幼児の思考についての縦断的研究においても明らかになった[1]。では，表象活動としての描画や，それ以降の図式や画面空間を意識的に構成する段階の描画において，この触覚性はどのように現れてくるのだろうか。第2章では，図式的表現期においても，子どもが描くものは身体感覚や情動との関連があることが考察された。また第3章では形態と空間の情緒的な性格も確認された。本章ではさらに具体的に描画過程における触覚性について見ていき，本研究にどのように

位置づけられるかを検討したい。

第2節　図式的表現期における非図式的要素

（1）描画過程に見られる非図式的要素

　まず図式的表現期の描画にみられる触覚性について考察していく。触覚性といっても，それは何かを明確な言葉で特定することは難しい。そこで，図式期は図式を主に用いて自己表現をするのが特徴であるので，逆に，非図式的な要素に注目して調査することによって，触覚性のようなものの姿が見えてくるのではないかと考えた。図式的表現が中心の描画においても，非図式的な曖昧な形や線がみられることがある。実際の子どもの描画活動を観察していると，未だ図式が定着しない段階，あるいは図式的表現が中心になる時期の子どもでも，線や曖昧な形態を画面上に次々に描きながら描画を楽しむ様子がうかがえる。また図式期になっても，画面に基底線のような基準線を設けずに，構図的には自由に描画を展開している子どもも多くいる。

　そこで，本節では，図式的表現期に頻繁に見られる叙述的表現において，図式や非図式的なもの（線や曖昧な形）がどのように現れているのか考察する。特に図式期にさしかかる子どもが描画過程を楽しみながら表現をする上で，①図式の使用，②画面構成の意識，③物語性あるいは叙述性，の3点が大きく関与すると思われる。これらを分析の視点とし，子どもの描画（特に叙述的表現）における非図式的要素について考察し，それをもって，描画過程における触覚性について検討する。ここでいう図式とは，頭足人表現を含め，線や円の組み合わせではっきりと何かの形を表わしているもの（記号）すべてをいうことにする。

（2）調査方法
①設定
　子どもによっては，描画に積極的な幼児もあるが消極的な場合もある。このような幼児全てが意欲的に活動できるよう，保育者がきっかけをつくり，そこから子どもがイメージを自由に広げていける描画を一斉保育の中で設定した。具体的には，マスキングテープを画面に自由に貼るところからきっかけを作り，パスで自由に絵を描くという保育である。マスキングテープを貼るという設定の理由は，年少児でも簡単にハサミや指の力で長さを調整しながら切ることができるということ，貼ったものが線状（棒状）になるため，「道」のように線として見立てたり，空間を囲って「家」や「プール」など身近にあるものが簡単に組み合わせで作ることができるからである。また，マスキングテープは子どもにとっては非日常的なものなので，その素材の目新しさから活動自体に興味が湧くと思われた。さらに子ども達はシールのような，糊を使わずに画面に次々に貼ることができる素材を好むのでこの素材を選んだ。

②対象
　H幼稚園の年少児（おおむね3歳）51名，年中児（おおむね4歳）69名，年長児（おおむね5歳）49名が一つのテーマのもと，描いた作品。

③分析方法
　「図式的な記号」「画面認識（基底線）」「叙述性」がどのように作品に表れているのか，各作品を分析した。つまり作品ごとに，下記のカテゴリー独自の記号を付け，パターンに分けた。その際，下記④の分析条件をみたすものをカウントした。そして全体から，それぞれのパターンの割合を算出し，年齢ごとの傾向を探った。
　例えば，図式を使用し，叙述性はみられるが，基底線らしきものが存在し

ない作品は,「①ｂア」パターンの作品とみなす, という具合である。

| 図式　有り①　無し② | 基底線（上下，配置の基準線）　有りａ　無しｂ | 叙述性　有り　ア　無し　イ |

④分析の条件

【図式の有無について】

・単独の円と線の組み合わせで, 人物, 家など簡単なものを表している。
・頭足人, 太陽も図式的表現として含める。
・人物画は, 胴体がなく顔だけを描いていても, その時期の発達的特性として人物全体を表わす記号とみなすことができるので, 図式的表現に含める。

【基底線の有無について】

・画面上に水平方向に描かれた線を舞台とし, そこに描かれる各種内容が関連付けられている場合, それは画面を意識した基底線としてみなす。
・紙面の下辺や描かれたテーブルの周辺などに各種内容が関連付けられている場合も, その辺を基底線としてみなす。
・地面がなくても, 空を描く, 上部から雨が降る, などの構図は, 紙面の上下関係を把握しているので基底線が存在するとみなす。

【叙述性の有無】

・図式が存在しなくても, 線の動きや図式らしき曖昧な形態を二つ以上描き, その相関が読み取れる場合, そこにイメージの連鎖＝語りがあったと思われるので, 叙述性があるとみなす。
・時間の流れが読み取れるものは叙述性があるとみなす。例えば矢印を描いて動きを記号的に表示するもの, 図式を変形させて手足の長さを変えたり方向性を示唆していることが読み取れるもの, 描画過程で身振りや保育者との対話の中で物語性が確認できたものなどである。

（3）結果
ⅰ）全体の傾向

　年齢（年少・年中・年長）別に，図式的表現の有無，基底線の有無が，どのような割合（％）で現れるかを示したものが表1である。それぞれのパターンの内容を具体的に示すと，①a＝図式有り・基底線あり，①b＝図式有り・基底線無し，②a＝図式無し・基底線あり，②b＝図式無し・基底線無しである。それぞれのパターのうち，さらに叙述性が有るか（ア），無しか（イ）で調べたものを，各年齢枠の右側に示した。合計欄には，ア（＝叙述性有り）とイ（＝叙述性無し）の年齢別の割合を示した。そして，説明を分かりやすくするため，それぞれのパターンの代表的な作品を一覧にしたものが表2である。

　図式的表現が存在する絵に注目すると，その中で基底線が有るもの【①a】は，年少29％，年中46％，年長65％，基底線が無いもの【①b】は，年少18％，年中21％，年長30％であった。つまり図式的表現の使用は，基底線が有り，無しに関わらず，加齢とともに増加の傾向がみられた。逆に図式を

表1　年齢別の図式・基底線のパターンの割合／（　）内は実数（枚）

パタン	年少		年中		年長	
①a	29％（15）	ア（14）	46％（32）	ア（23）	65％（32）	ア（32）
		イ（1）		イ（9）		イ（0）
①b	18％（9）	ア（4）	21％（15）	ア（9）	30％（15）	ア（10）
		イ（5）		イ（6）		イ（5）
②a	6％（3）	ア（1）	4％（3）	ア（1）	0％（0）	ア（0）
		イ（2）		イ（2）		イ（0）
②b	47％（24）	ア（3）	28％（19）	ア（2）	4％（2）	ア（0）
		イ（21）		イ（17）		イ（2）
合計	（51）	ア43％（22）	（69）	ア50％（35）	（49）	ア86％（42）
		イ57％（29）		イ49％（34）		イ14％（7）

108　第Ⅰ部　基礎的研究

表2　各年齢，パターンの代表作品

パターン	年少	年中	年長
①a	ア　イ	ア　イ	ア　イ
①b	ア　イ	ア　イ	ア　イ
②a	ア　イ	ア　イ	ア　イ
②b	ア	ア	ア

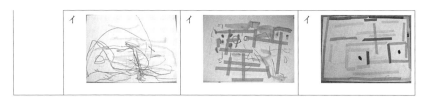

使用しない感覚的描画【②a】【②b】は,基底線が有り,無しに関わらず,加齢とともに減少の傾向がみられた。

次に基底線が描かれた絵に注目すると,その中で図式的なものが存在するもの【a①】は,加齢とともに増加するが,図式が無いもの【a②】は,年少6％,年中4％,年長0％であり,加齢とともに減少する。ただし,このパターンの割合は全体的に少数であり,特に年長では0％であった。このことから,基底線が描かれる時期の絵にはほとんど図式による表現が現れるということがわかる。さらに年長になると図式を描かない幼児は,計画的な構図には配慮せず,感覚的な行為に特化して描画を楽しむ傾向があるといえる。

叙述性のある絵（ア）に関して言えば,年少43％,年中50％,年長86％で,加齢とともに増加の傾向があった。特に年長になると86％に叙述的な描写がみられ,年少・年中はどちらとも約半数に叙述的表現がみられた。

ⅱ）叙述的表現の傾向

さて,今回の調査では図式による表現をしない幼児あるいは,図式がまだ定着していない時期の幼児も,叙述的表現を行なっていることが確認された（②ア）。また,基底線で画面空間を関連づけることをしない幼児も,叙述的表現が展開されていることも分かった（bア）。その関連で整理すると表3のような割合になった。

表3から分かることは,【②ア】パターンの図式無しで,叙述性が有るものは,年少が一番多く,次に年中で,年長は0％であった。つまり,年少,年中は定まった形や線ではなく,曖昧な形態等を使用しながら,線の動きな

表3 図式・基底線無し－叙述性有りのパターンの傾向／( ) 内は実数と年齢別全体数

(注) 4/51 とは51枚中4枚が抽出されたということ。

パターン	年少	年中	年長
②ア（図式無－叙述性有）	8 % (4/51)	4 % (3/69)	0 % (0/49)
bア（基底線無－叙述性有）	14% (7/51)	16% (11/69)	20% (10/49)

どで語りの内容が表されていたことになる。そして年長は，叙述的な表現を行なう場合は，必ず図式を操作，工夫することにより物語性を表していることが予測される。

　しかし，考察のところで説明するが，一つの作品に注目すると，叙述的表現では，年長であっても，全て図式によって画面を埋めているのではなく，図式に紛れて，動きのような線や感覚的な線が存在することも見逃してはならない。例えば表2の【①aア】パターンの年少，年中，年長それぞれの作品は，図式による物語性が読み取れるが，一見，意味の不明な線や曖昧な形も含まれている。

　【bア】パターンの基底線で画面を関連づけしない構図で，叙述性があるものは，加齢とともに少しずつ増加の傾向にある。一般に年長になるにつれ，基底線を基準に描画表現を行なうとされているが，基底線を持たない場合でも，画面空間を自由に使い，叙述的な表現を楽しむことが分かった。

(4) 考察

　図式的表現期の子どもの描画表現について，①図式の使用，②画面構成，③叙述性を手がかりに発達的な視点から調査を行った。ここから，調査から得られたデータをもとに，叙述的描画表現における非図式的要素について考察する。

ⅰ）叙述性と動きの線

　年長になるにつれ，叙述性が出てくることが多いことが確認されたが，図式が定着する前の描画においても，叙述性は存在するということが分かった（表2の②ａア，②ｂア）。例えば表2から【②ａア】のパターンの年少代表作品をみると，形態図式はまだ定着していないが，空間を四角型に区切り，その内側と外側に異なる内容と思われるものを描いている。それぞれの不定形な形には二つの眼があるようなので，何か生き物の可能性がある。また四角の内側には，入れ込む要素が多いことを見ると，明らかにここには何か物語が発生していることがうかがえる。そしてこの画面の左右には動きの線のようなものが見られることから，時間の経過を示す物語性が読み取れる。同じパターンの年中作品（②ａア／年中）を見てみよう。これは描画過程を保育者が記録していたものだが，この幼児は画用紙底辺を下方と位置づけ，マスキングテープでビルのようなものを構築し，「火事」と言って，ビルの中を赤色と黄色で塗り込んだ。その後，黒色のパスで重ねるようにして塗り込んだ。これは「火を消している」と本人が発言した。そして上部に水か煙か不明であるが，うごめく線を描いた。

　次に，【②ｂア】のパターンは図式が出現せず，画面構成の手がかりである基底線も見られなかったが，叙述性があると判断したものである。まず年少作品の方は，マスキングテープで画面を埋め尽くし，その後，左下から順に，テープの隙間に頭足人のような形態や動く線が重なるように描かれている。頭足人らしきものは，他の線と混じり安定図式とは言えないが，隙間を上部に向かってに動いているようである。次に，【②ｂア】年中作品の方は，マスキングテープで空間を仕切った後，黄緑色と紫色で画面全体にギザギザの線をテンポよく描いた。保育者の記録によると，それは何かが跳ねているような身振りと重なっているということであった。その後，黒色で中央左の箇所を塗り込みはじめ，だんだん力がこもっているようであった。そして「絆創膏」と言いながら，塗りつぶした黒色の上にマスキングテープを貼っ

た。以上のことから，作品からは意味が読み取れないものでも，描画過程の記録から，そこに物語性が存在していたことが予測される。

さて，以上のように，叙述性のあるものに共通して見えたことは，「動きの線」の存在である。図式が存在しない描画については上記で述べてきたが，【①aア】パターン，【①bア】パターンのような，図式を使用した描画においても，叙述性がある場合，「動きの線」が同時に表れていることが注目に値する。例えば，【①aア】パターンの年長の代表作品を見てみよう。この描画はほとんどの意味形態は図式で表現されているが，一部，サッカーボールの箇所を注意してみると，ボールが動く線を記号的に表していることが分かる。またボールが二つ描かれているところを見ると，この二つのボールは同一のもので，時間の経過を表している可能性がある。次に【①bア】パターンの年少，年中，年長の代表作品をみると，それぞれ，図式的な人物画が描かれているが，その中に図式以外の線も多く存在することが見てとれる。それぞれの線は，この作品結果のみを見ると混沌として分かりにくいが，おそらく描画過程では意味のある線（動きの線）である可能性がある。年長になるとその動きの線による動きは，記号的な矢印で表される場合もある。【①aア】パターン，【①bア】パターンの比較からいえることは，基底線のような画面配置の基準線が描かれていないほうが，叙述的表現においては動きの線が整理されず，混沌としていると思われる。

ここまで見たところでは，子どもの描画では，図式を使用する，しないに関わらず，叙述的性格がある描画では，「動きの線」が現れる可能性があることが明らかになった。

ⅱ）二つの触覚的な線

前項で，【②aア】と【②bア】において，形態図式を描くことをせず，叙述性をもつパターンをみてきた。安定した形態図式や，基底線のような画面基準が無くても，描画過程に注目すると，不安定な形や線によって物語性

が表現されて，そこには「動きの線」が存在することが確認できた。その動きの線は，語りの中で感情と共に現れる強弱や，スピード感がともなう線であるといえる。つまり，普段，描画場面以外では，語りとともに身振りとして表れるような身体の動きと似ていると思われる。そうした感情を伴う身体的な動きが，画面上に表れているのではないだろうか。

　それでは同じく形態図式が出てこない描画で，叙述性無しとみなした【②aイ】パターン，【②bイ】パターンをみてみよう。まず表2の【②aイ】年少の代表作品に描かれた線を見ると，こちらは動きの線という印象は薄い。何か形のようなものを構成しようとしているが，はじめて描くような緊張感が感じられる線になっている。【②bイ】年少の作品も，画面上をパスの線で歩くような自由な線が描かれている。鬼丸吉弘は，何かを構成しようとする時期の線を，表出段階（感覚運動期の段階）の線描と区別し，ある方向に向かって運動を示すから「方向線」であるといい，また未知の空間を探るはたらきをするから「触知線」であると説明している[2]。そうした観点からいうと，叙述性が無いこれらの作品に描かれた線は，画面を触りながら探索するような緊張感のある線で，「方向線」と「触知線」の性格を持った探索的な触覚線であるといえる。

　ところで探索動機は，環境の中の新奇さ，意外さ，曖昧さ，複雑さ，珍しさなどを含んだ刺激に接することにより解発される欲求であるといわれている。その欲求が探索行動へと駆り立てることになる。滝沢武久は「新奇で複雑な刺激は，私達の知覚空間を攪乱させ，不安を生み出す。この不安を解消しようとして，それらの刺激についての情報をもっと収集するための探索を始めることになる。」[3]という。こうした探索動機は「知的好奇心」が原動力になっているといえる。このように考えると，探索的な触覚線は，先に見た感情を伴う身体的な動きの線とは異なる性質をもっていることが分かる。

　以上の考察から，定着した図式がまだ現われない描画作品では，2種類の触覚的な線が存在する可能性がある。つまり，一つは感情をともなう身振り

が視覚化されたような線で，それは何か意味をもつ動きのある「身振り的触覚線」である。もう一つは画面を触るように探索する線で，意味は持たないが方向性のみ持つ「探索的触覚線」である。それはどういう場合に違いが現れるかというと，叙述性があるときに，線は何かの動きを表したり，何かの存在そのものを意味したりする可能性があるので身振り的触覚線になると思われる。一方，叙述性が無いとき，自由にうごめく線は，画面上を徘徊するような感覚的な線や形になるので，探索的触覚線であるといえる。前者の原動力は思いを描出しようとする表象活動であり，後者の原動力は知的好奇心であるといえる。

第3節　触覚と視覚の関連に関する先行研究

　子どもの描画研究において触覚性に注目した研究者として有名なのはLowenfeld, V.であるが，氏は児童期から青年期へ移る際，子どもは「視覚型」(visual type) あるいは「触覚型」(haptic type) の傾向を持つようになると説明した[4]。二つのタイプは純粋に分けられるものではなく，子どもの美術経験においてその傾向がどちらかに強く表れてくるというものである。Lowenfeld, V.はこの問題を青年期にさしかかる頃の問題として取り上げているが，このなかで定義している「視覚型の知覚」と「触覚型の知覚」に関しての考えは，幼い子どもの描画過程における触覚性につて考える上で参考になる。まず，Lowenfeld, V.のいう二つの知覚についての説明を見てみよう。

　「視覚型の知覚」とは，他の感覚からくる印象が，眼から来る印象に従属するとき，そして知覚に際してその特徴に視覚的印象が優位な場合の知覚である。制作過程において，こうした知覚が大きく作用する場合は，外観から事物に接近する方法をとる視覚型の傾向が現れるという。

　そして，「視覚による経験が背後に退けば退くほどそれだけ概念の媒介手

段としての眼の重要性は無くなってくる。それと同じ程度に，環境の重要性も減じて，経験はだんだん，身体的感覚，筋肉の神経感応，深い感受性や，そしてそれらの多様な情緒的効果といった全体的な身体の中に，その範囲が限定されるようになる。視覚の重要性が減るにつれて，それだけ感覚と概念間の媒体としての身体に基づく感覚の重要性が増してくる。」その結果，人は「触覚的な知覚」によって世界との関係をつくるようになるという[5]。

　以上の，Lowenfeld, V. の理論は，鬼丸吉弘によって，低年齢の子どもの描画にも当てはめて説明された。鬼丸は，幼少期からの子どもの描画発達にも触覚性と視覚性の関連があることを見いだし，図式的に明らかにしている（図1）。つまり，子どもの描画発達を「表出期」「構成期」「再現期」と大きく分け，次のように述べている。「『表出期』では触覚性が圧倒的に強く，『構成期』においては年齢が進むにつれて視覚のはたらきが増してくるが，なお触覚性がおおむね優勢である。『再現期』に入って視覚のはたらきは著しいものとなるが，その結果視覚性の圧倒的に強い視覚型となるか，それとも触覚性がなお強固に存在し，台頭する視覚性と結合しながら自己主張をする触覚型となる。」[6]

　Lowenfeld, V. と鬼丸吉弘の研究によって，幼い時期から青年期以降までをとらえた，描画における触覚性と視覚性の関連が明瞭になったと言える。

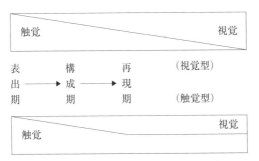

図1　造形原理の推移 鬼丸吉弘『児童画のロゴス』より

それは発達に即した関連性の変化である。そして年齢が進んでも，また青年期以降になっても，なお，視覚性よりも触覚性が大きくはたらく場合があるということも分かった。

さらに，今回，筆者の調査（前項の非図式的要素に関する調査）から分かったことは，子どもが一枚の絵を構成する過程の途中でも，状況に応じて触覚的知覚が優位になるときと，視覚的知覚が優位なるときと，変化が生じると考えられることである。それは，図式的表現期においても，起こりうると思われる。

第4節　描画過程における触覚性

子どもの絵は触覚性に満ちているといえる。描画過程における触覚性とは身体感覚で画面を歩きまわるような「探索」あるいは，感覚・感情と結びついた身振り的な「運動」という要素が強い。特に描きながら描画内容を発展させる自由な空想画では，子どもはおおよそ即興的に画面を構成していくので，そこでは偶然的に生まれる線や形が多く，その場，その時の文脈のなかで意味を持つ緊張感のある線や曖昧な形になることが多い。それはまさにLowenfeld, V. のいう，「身体的感覚，筋肉の神経感応，深い感受性や，それらの多様な情緒的効果といった全体的な身体の中に，視覚経験の範囲が限定されるようになる」のであろう。またそれは，「外界の実在の触覚的知覚と，自我の経験に密着に結びつけられていると思われる主観的な経験内容との統合」を意味する[7]。

以上のことから，描画過程における触覚性とは「身体性」と言い換えることができる。鬼丸は初期の子どもの描画活動の段階から，描画を身体感覚との関係の中で捉えた。「子供の画は幼児に遡れば遡るほど，体性感覚による支配が強くなる」といい，「描画の行為というものを，単純に一つの感覚作用に帰するのは誤り」であると述べた。私達の種々の感覚は，「体性感覚統

合」によって支配されている。そして「児童画の場合，広義の触覚性すなわち体性感覚が主導して，他の様々な感覚がその中に，強弱それぞれの違いはあっても融合参与しうることを意味する。」[8] つまり，描画表現における視覚の役割についても，視覚性が強くても弱くても，すべては体性感覚の主導下で，どのくらい積極的にはたらくかという程度の問題であると説明した。

同じようなことを，中村雄二郎は『共通感覚論』のなかで次のように表現している。つまり「もとはといえば触覚（体性感覚）が視覚を教育したのであるが，一たび教育された視覚はたちまち触覚（体性感覚）を導き，方向付け，その関係が習慣化されるのだ。」「基本的なものはあくまで体性感覚の方である。」[9] 以上のように視覚と体性感覚（身体性）について説明した。

今述べてきたことは，感覚運動的な描画をする時期の子どものみならず，それ以降，表象表現を行なう段階においても，基本原理は変わらない。

鬼丸の言葉で言うと，「線がものの輪郭を現すのは本来対象の触知に発するが，やがてその機能に徹するようになると，その作用は多く目に従属しがちになる。だがこうして線が視覚の僕となって対象の形を追う以前にも以後にも，それは本来方向線・触知線として，視覚に独立の機能を内在することを見落としてはいけない」[10] という。つまり，図式を描く段階においても，それは視覚的な記号としてのみ見るのではなく，そこには触覚性（探索的な要素，運動的な要素）が内在すると理解できる。

第5節 まとめ

子どもが絵を描く過程の中では，視覚性が優位になるときと触覚性が優位になるときが存在する可能性を，Lowenfeld, V. と鬼丸の理論を参考に考察してきた。そして，図式的表現期の描画過程における触覚性（感覚的なもの）を，画面に表される非図式的要素として捉え，画面構成，叙述性との関連性を考察した。そこでは，叙述性がある場合は図式がなくても動きのある身振

り的触覚線が現れ，叙述性がなければ探索的触覚線という触覚性が現われることが考察された。それ以外に，塗り込みなども触覚性としてみることができるだろう。こうした触覚性は，身体感覚や感情に連動していると思われる。次の第Ⅱ部では，実際の描画過程において，このような触覚的な線や曖昧な形，塗り込みが，どのように現われるのかを具体的に見ていく。

さて，本研究では，これまで，物語的な文脈と視覚的な文脈について整理してきたが，ここであえて触覚的文脈については分けて考える必要がないことが分かった。なぜなら，描画過程における視覚性は，それ自体，体性感覚（触覚性）に拠るところが大きいということが分かったからである。また描画を進展させる物語性においても，作者の感情や感覚に従ったものである。したがって，描画過程における行為はすべて絵画特有の触覚性（体性感覚）がはたらいていると見ることも可能である。そこで，本研究の今後の分析の視点としては「物語的な文脈」と「視覚的な文脈」の二つの文脈から描画を捉えていく。この二つの文脈の観点から描画過程を見る中で，当然，今回見てきたような触覚的な要素が考察の対象に含まれてくると思われる。

第4章 引用文献

[1] 栗山誠「初期描画活動における幼児の思考とことばの関連〜Vygotskyの混同心性に注目して〜」『生活科学研究誌』vol. 7, 2008, pp. 191-205
[2] 鬼丸吉弘『児童画のロゴス―身体性と視覚―』勁草書房，1981, pp. 36-37
[3] 滝沢武久『子どもの思考と認知発達』大日本図書，1985, pp. 126-127
[4] Lowenfeld, V., 1947, *Creative and mental growth*. New York, Macmillan (V. ローエンフェルド『美術による人間形成』竹内清・堀ノ内敏・武井勝雄訳，黎明書房，1995, pp. 327-334)
[5] Lowenfeld, V., 前掲書, p. 334
[6] 鬼丸吉弘, 前掲書, p. 99
[7] Lowenfeld, V., 前掲書, p. 334
[8] 鬼丸吉弘, 前掲書, p. 106
[9] 中村雄二郎『共通感覚論』岩波現代選書，1979, p. 131

10) 鬼丸吉弘,前掲書,p.37

第Ⅱ部　画面構成過程の臨床的研究

第5章　描画プロセス分析シートによる描画過程の分析
第6章　画面構成過程における意味の変化
第7章　物語性と画面構成の関係
第8章　描画過程にみられる「動きのイメージ」
第9章　身振りと描画表現の関連

第5章 描画プロセス分析シートによる描画過程の分析

第1節 はじめに～分析の手がかり

　本研究では，図式によって描画表現を行う時期の子どもをより深く理解していくために，描画の作品ではなく，描画過程に目を向けている。これまで第Ⅰ部では，描画過程の継続要因となる視覚性，物語性，触覚性についての基礎的研究を行った。そこでは子どもにとって，描画の面白さの要因を考察する上での手がかりをつかむことができたと思われる。つまり，意図と解釈，そして観念の連合によって描画内容が進展していく側面（物語的文脈）と，画面上の視覚情報を解釈したり知覚したりする中でその後の行為に影響を及ぼす側面（視覚的文脈），そしてその二つの側面の流れに内在する触覚性について考察された。

　では，子どもが一つの画面に絵を描く画面構成過程において，これらの側面がどのように関連しあっているのか，関連するなかでどんな意味が立ち現れてくるのだろうか。子どもが実際に，楽しく自発的に描く描画過程を詳細に見ることによって，明らかにしていきたい。

　本研究が追究しようとしていること，つまり，描画を継続して楽しむ子どもの画面構成過程において，子どもが体験するリアリティを探るという質的な研究は，その方法論において困難さがともなうので，これまでほとんどなされてこなかったといえる。しかし，分析の枠組み（視点）を明確にすることによって，詳細な研究ができるのではないかと思われる。この分析の枠組みとして，上記で述べた，物語的文脈と視覚的文脈の観点を設定することに

より，画面構成過程の分析が可能となると考えた。

　子どもが主体的に継続して描く描画行為には必ず何らかの文脈（context）が存在し，その流れの中で継続されている。この継続される文脈の中にこそ，子どもが描画を楽しむ要因が隠されていると思われる。

第2節　描画過程の研究方法

(1)「描画プロセス分析シート」の概要と特質

　実際の分析の方法としては，描画過程の時間に沿った詳細な分析が必要である。したがって，子どもが描画表現をしている場面を画像・映像等におさめ，そのデータを一覧できる形で記述し，描く時にどんな要素が関わってくるのかを分析する方法が有効である。そこで筆者の考案した「描画プロセス分析シート」（図1）を使用する。これは，子どもの描画分析をより効率的にするために，描画過程を場面に分けて時系列に一覧できるように並べて，子どもの行為を記述するものである。その行為は三つから成る。すなわち，①子どもが画面の中に見たものを契機に描く行為（＝視覚的文脈），②子どもが自分で思いついた語りを契機に描く行為（＝物語的文脈），③子どもが自らの動きや身振りを画面の中に映し入れる形での描く行為（＝触覚性），である。ただし，最後の触覚性については前に述べたとおり，視覚的文脈と物語的文脈の行為の根底に流れる感覚的なものなので，シートの枠に項目は設けていない。①と②の項目の中に含めて記述する。

　具体的なシートの項目としては下記のとおりである。

・記録時の状況や環境メモ

・タイムライン

・描かれつつある描画の画像（映像から抽出した画像クリップをタイムラインに沿って貼付ける。あるいは研究者が模写した絵）

・状況メモ（活動の様子，流れを記述）

第 5 章　描画プロセス分析シートによる描画過程の分析　125

| 年　　月　　日　ID　　　備考 |
| 記録時の状況や環境メモ・備考 |

Time	描かれる描画図（画像）	状況メモ	視覚的観点	物語的観点

図1　描画プロセス分析シート

・視覚的観点からの記述
・物語的（言語的）観点からの記述

　この分析シートによって，子どもが画面構成をする上で，一般に自然に行われていると思われている描画行為を，視覚性，物語性，触覚性の関連から詳細に分析することができる。すなわち子どもが，自ら描いた線や塗り込んだ面が，その都度，視覚情報となり，その後に描こうとするイメージ内容に影響していくことが，この分析シートでは明らかになるのである。さらに描

画過程に現れる身振りやオノマトペの表出のような身体感覚的な情報も同時に記述されることにより，画面上に現われている視覚的な内容に付随する，子どもの感覚的な要素も明らかにすることができる。以上のことから，この分析シートでは，作品結果からは決して分らなかった，子どもの行為としての描画活動全体を総合的に捉えることができ，この時期の子どもの特性を理解することができるのである。

(2)「描画プロセス分析シート」の作成手順

どのように「描画プロセス分析シート」を作成するのか，手順について説明をする。子どもの描画過程すべてのコマの瞬間を記録することは非常に困難である。そもそも，描画時間はコマ送りのように区切りがあるわけではない。子ども達は描きながら保育者や友達と話をしたり，画面に顔を近づけて塗り込む姿があったりして，作品途中の各場面すべてを写真にとることは難しい。したがって，シートの作成方法としては次の手順となる。

①まずターゲットとなる子どもの一連の活動過程の映像を固定のビデオ1台と，観察者の手持ちビデオ1台，計2台で記録し，さらに，別の観察者（保育者）のデジタルカメラで途中作品の画像も時々記録する。また，それぞれの観察者は気づいたことを観察メモにとっておく。

②次に，後日，それらの映像と画像を見ながら，子どもが画用紙上に絵を描く順に，数コマに分けて，筆者が子どもの途中経過の絵を模写したものを分析シートに描いていく。そのコマ分けは，観察者のメモを手がかりに，視覚的あるいは物語的に大きな変化が見いだされた時点で区切っている。

③分析シートに描画途中の作品（模写）が一覧できるように時系列に並べられた後，観察者のメモやビデオ映像を手がかりに，分析シートの各項目（状況メモ，視覚的観点，物語的観点など）に，子どもの描画過程の行為を記入する。

④以上の手順で基本的な「描画プロセス分析シート」が完成するが，②の子どもの絵の過程を模写したものを手がかりに，実際の完成作品の画像を，パソコンの画像編集ソフト（Adobe Photoshop）で加工し，途中経過のコマ画像を作成したものを貼付けるという方法も複数のシートで試みた。(シート1，2，4，5，10)

(3) 研究対象とする描画タイプと分析シート

　本研究では，描画過程において，物語性や視覚的な情報がどのように関連し合うのか，そしてどのように子ども固有の世界が展開されるのかを分析するので，今述べたような，描画過程で語りが展開される「描きながらイメージを広げる」叙述的な描画を主な分析対象にする。

　子どもが描きながらイメージを自由に広げていく描画は，遊びの延長として自主的に始まるのが理想であるが，実際には研究方法の困難さもあるので，本研究では一定のテーマのある設定保育の中で，イメージを自由に広げて描く叙述的表現の描画過程を分析し，事例として取り上げることにした。例えば設定保育の中で，保育者（筆者）がきっかけになるテーマや素材を幼児に用意し，そこから自由にイメージを広げて描くという流れの描画である。具体的には表1のように，様々なテーマや素材による保育を行ない多数の幼児の描画過程を記録した。そして本論ではその中から，10の事例を中心に見て考察する。

　10の事例を選んだ理由は次のとおりである。本研究は，描画活動を主体的に楽しむ子どもの継続要因に注目し，そのプロセスの中で展開される出来事および機序を解明することが目的である。したがって，できるだけ，描画内容の展開が豊富な作品を選び，分析した。これは一人の子どもの縦断的な観察記録ではなく，また普段から描画が好きな子どもを対象にしたものでもない。制作過程において，子どもの多様な関わり（視覚的，物語的，身体感覚的な関わり）が見られ，しかも一定の時間集中して描かれた作品をとりあげて

表1 研究の詳細と描画プロセス分析シート，事例 No との対応表

調査日	対象（人数）	保育内容	シート	本論中で扱う事例
2010.9.17	年長62名 （大阪H幼稚園）	手作り指人形で遊びながら画面上にイメージの世界を描いていく。用紙は四つ切画用紙。	シート1 シート2	事例1 事例2
2009.7.2 2010.6.11 2010.6.18	年長12名 年中60名 年長62名 （大阪H幼稚園）	傘型の紙を貼って，その後に傘を持つ人物や背景を描く。用紙は四つ切画用紙。	シート3	事例3
2011.12.16	年長全70名 （大阪H幼稚園，2クラスに分けて）	三角の小さな紙を重ねてはるとツリーができるという導入から，自由な発想で絵を描いた。四つ切り画用紙を使用。	シート4	事例4
2012.1.13	年中全56名 （大阪H幼稚園，2クラスに分けて）	円型スタンプをきっかけにしたパスによる描画活動。四つ切り用紙を使用。	シート5 シート6 シート9	事例5 事例6 事例9
2012.1.27	年少20名を2クラス 年中15名を2クラス	紙を二つに折り切ったかたちからイメージを広げ絵を描く	シート7 シート8	事例7 事例8
2010.10.22	年長62名 （大阪H幼稚園）	デパートの中を自由に描く。用紙は四つ切画用紙。	シート10	事例10

いる。例えば，描きながらイメージを広げる過程で言葉を時々発しながら描く子ども，友達と交流をしながら描く子ども，保育者からの言葉がけに応対し，描画内容がわかりやすい子どもなどが多く含まれている。

第3節　描画プロセス分析シートの結果

　次ページから，描画プロセス分析シートの記録を掲載する。それぞれのシートには，次章以降の考察に対応する事例の番号をつけてある。また作者についてはA男，C子等と表記する。〜男は男児，〜子は女児である。

【事例1】描画プロセス分析シート1／A男

2010年 9 月17 日 ID 100917A

記録時の状況や環境メモ（5歳児）
　35名一斉，設定保育。指人形を画用紙でつくり，しばらく遊んだ。その後，保育者（筆者）による「この人形が楽しいところに連れて行ってあげよう。どんなところに行きたい？」という投げかけ導入により，幼児各自がそれぞれのイメージを描いた。A男は最前列に座っていたため，あまり周りの様子は見えず，友だちからの視覚的な影響はほとんどなかった。保育者は時々A男の絵を共感的に見守りことばがけをしていた。ペンの色は指定はしなったが，A男は⑲⑳以外はすべて桃色で描いた。

Time	描かれる描画図（画像）	状況メモ	視覚的観点	物語的観点
（分）00	①	①家のようなものを描き，屋根に「のりば」と描いた。	①家の四角の空間は，自分でつくった指人形2つを置けるスペースの大きさである。その大きさは計画的に描いた。	①人形2つを家に入れてあげようと考えたと思われる。↓どこかに連れて行ってあげることを思いつき，家を「バスのりば」にし続いてすぐにバスを描いた。
03	②	②バスを描いた。友だちから「これバス？」と問われ，うなずく。		
05	③	③「のりば」からの道は「のりば」左右から描くのではなく，「のりば」左下につながる線を計画的に描いた。	③道がどこに走っていくのか計画して描きやすいやり方で上から下に描いた。「部分」と「全体」を同時に意識している。	③バスを描いたので，バスが通る道を描いたと思われる。
08	④	④2つの指人形を「のりば」の空間に置いた。	④はじめは人形を立てようとしたが，うまくいかず，寝かせた。	④2つの人形を「バスのりば」に置くことにより，物語性が明確になった。・道を描く途中で人形を置く行為は，自分で今のイメージ（物語性）を維持しようとする行為である。↓人形を置いた後に，さらに道を続けて描いた。
10	⑤	⑤のりばの上部に道の続きを描く。道は上に分岐され，その後，分岐部分に境界線を描いた。	⑤道はどこまで描くかを計画して線のメドをたてながら描いている。それ以降の道もその繰り返しで右方向に描き進めた。	

130　第Ⅱ部　画面構成過程の臨床的研究

Time	描かれる描画図（画像）	状況メモ	視覚的観点	物語的観点
12	⑥	⑥道を繋げる。再び上部が分岐され、その先は行き止まりになる。そこに屋根のようなものをつけた。	⑥なし	⑥道の分岐点はほとりにある家をイメージしたのか。
13	⑦	⑦道は行き止まりになり、終端部に四角を2つ描いた。「ここは駐車場」と保育者に伝えた。	⑦道を描くスペースが無くなったため行き止まりにしたのか。	⑦道が途中で終わるのはおかしいため、バスの駐車場と意味付けをしたとも考えられる。
15	⑧	⑧左下に家を描き、その中に四角窓を左から三つ描く。	⑧画面の右上角から対称位置になる左下角に視点が移った。	⑧なし
19	⑨	⑨ ⑧に続き、家型を連続で描いた。家の横にもう一つ家型を描き「しろ」の標示を記した。その家の中には、顔を描く。保育者が何を描いたか聞くと「犬」と答えた。	⑨2つ目の家型の屋根は四角で、⑧の家との違いを表わす。家枠を描き、次に「しろ」という表記、その下に顔を描く。	⑨犬には具体的に「しろ」の名前が付けられたということは、自分のペットの犬と思われる。
20	⑩	⑩左下の家の左側にドアを描き、次に犬のえさ皿を描いた。・この時、保育者から「バスのりばを描いたんだね。これバスね。」と聞かれた。その時、バスの右下に排気口を線で描いた。	⑩左下の角のあたりで描いていたが、保育者の声かけで中心部のバスに関心を移した。	⑩自分の家の犬と犬小屋を描いていたが、保育者の言葉がけから、最初描いたバスのことに再び注目を向け始めた。
22	⑪	⑪犬小屋の右横に何か描こうと一旦ペン先でイメージをなぞり、枠を描き始めた。	⑪ペン先を動かして何を描くかイメージし、かたちの計画を立ててから、実際に線をひいた。	⑪自分の家の状況を思い出しながら、ドアやガレージのボタンなど具体的なものを描いた。
24	⑫	⑫四角い枠ができると、横線を6本下段から順に上へと描いていった。	⑫横線は下から順に描いた。	⑫なし

第 5 章　描画プロセス分析シートによる描画過程の分析　　131

Time	描かれる描画図（画像）	状況メモ	視覚的観点	物語的観点
27	⑬	⑬そしてその横縞のある四角の中に何か描こうとペンを動かしたが描かず、保育者に「ガレージだよ」と教えた。そして左横の犬小屋の右側にガレージシャッターを開けるボタンを2つ描いて、うれしそうに保育者を見た。	⑬横縞のある四角の中に何かを描きたかったが、既に線が描かれているので取りやめた可能性がある。	⑬実際にガレージにボタンがあることを知っていて、そのボタンに興味があると思われる。ガレージとボタンはイメージが連動していると思われる。
30	⑭	⑭「ガレージ」を描いた後、すぐに「どうぶつ」という文字のあるゲートを描いた。その後ペンを休め、空白に何か描こうとはしていたが、しばらく考えていた。	⑭なし	⑭「ガレージ」という横縞線の枠から「どうぶつ」園の檻のイメージを連想した可能性がある。
32	⑮	⑮右下に三角形のテントを描いて、頂点に旗を描いた。	⑮三角形を描き、次に斜線で模様を描き、そこに重ねるように窓を描いた。	⑮動物園かキャンプのイメージでテントを描いたのか。
33	⑯	⑯画面上、道のほとりに家やバス停留所の標識を描いた。	⑯しばらく画面下を続けて描いていたが、ここにきて画面全体を意識したと思われる。	⑯　⑤⑥で道のほとりに描いた家のような形は「バス停」の標識がつけられた。
34	⑰	⑰始めに描いた「のりば」と「バス」の間にも標識のようなものを描き、そこに数字「523.1132」を描く。次に「のりば」の中にも標識を描きさらに「のりば」の外左側にも標識を描き、それぞれに「ばす」と書いた。	⑰今まで以上の速いスピードで、空隙にバスの標識を描いていく。	⑰バスの通り道にバス停や時刻表を思い出して次々に描いていく。 ・全体を統一した意味的場面にまとめあげようとしているようだ。
35	⑱	⑱　⑫では「ガレージ」といった場所に、横縞の線があるにもかかわらず、その上に重ねて、動物を二匹描き、下に「らいよん」と文字で書いた。	⑱ガレージの横縞線をライオンの檻に見立てた。もともと「ガレージ」と呼ばれたところは、動物園の檻にしたかったかもしれないが、先に横縞線を描いたからライオンが描けなくて仕方なく「ガレージ」にしていた可能性がある。	⑱バスに乗ったこと、動物園に行ったこと、檻にライオンがいたことなどが連動したイメージとなっているようだ。

Time	描かれる描画図（画像）	状況メモ	視覚的観点	物語的観点
36	⑲	⑲ ⑬の「どうぶつ」の標識と「テント」の間に，動物園の入り口にチケット売り場のようなものを描き，受付の人も描く。	⑲なし	⑲なし
37	⑳ （完成作品）	⑳最後に画面上部に黒で空を描き，雨を降らせた。保育者に「動物園に行った時に雨が降ってきたよ」と伝えた。	⑳上部にスペースがないにも関わらず，雨雲と雨を降らせた。・画用紙上部が「空」という認識であることが分かる。	⑳最後に画面上のスペースが少ないにも関わらず，雨雲と雨を降らせた。これは，本人の体験に基づくもので，どうしても描かなければならなかったと思われる。

【事例2】描画プロセス分析シート2／B子

2010年 9 月17 日 ID 100917B （5歳児）

記録時の状況や環境メモ
　35名一斉，設定保育。指人形を画用紙でつくり，しばらく遊んだ。その後，保育者（筆者）による「この人形を楽しいところに連れて行ってあげよう。どんなところに行きたい？」という投げかけ導入により，各自がそれぞれのイメージを描いた。B子は最前列に座っていたため，あまり周りの様子は見えず，友だちからの視覚的な影響はほとんどなかった。保育者は時々B子の絵を共感的に見守りことばがけをしていた。

Time	描かれる描画図（画像）	状況メモ	視覚的観点	物語的観点
（分）00	①	①自分の作ったうさぎの指人形を画面の右側に置いたまま真ん中に家のような形を描いた。	①うさぎの指人形の大きさと真ん中の家の大きさを意識しているようだ。	①うさぎのお家にしようと思っているのか。
	②	②窓を左上から右方向に描き下段に移っていった。上3段は6個の四角（窓）を並べたが，その下4段は4個の四角（窓）が並んだ。その下にドアを描いた。	②下4段の窓が4つ並びになった原因はa．家幅が少し狭まっている，b．四角が大きくなってしまった，c．手の疲れ，などが考えられる。	②窓をたくさん描き，8階建ての家，又はマンションにしようと思っているのか。
08	③	③うさぎの人形を画面から取り除き，画面下に草を黄緑色で描く。	③画面下を基底線とみなしている。草を描くことにより地面がはっきりした。	③うさぎの好きな野原のイメージで草を描いたのか。
09	④	④オレンジ色で右上に太陽を描く。まず円形を塗りつぶし，放射線を右回りに描いていく。	④太陽を描くことにより，画面の上下がはっきりし，舞台装置が完成した。	④太陽を描いたのは，晴れのイメージで描いたのか，習慣的な構図として描いたのか。
10	⑤	⑤左端にペールオレンジで人の輪郭をまず描き，ピンクの袖，オレンジの靴を上から重ねて描いた。そしてピンク色でハート模様を腹部に描いた。	⑤人の位置は，次に犬を描くことをプランして左端に描いたのか。または，偶然に左隅に描いたのか。・人の大きさは，家との比較より，小さく描いたようだ。	⑤人間を登場させたことにより，物語性を予感させる。
	⑥	⑥続けて，犬（あるいはうさぎ）を描き，散歩させているように，線で首のところにつなげた。	⑥犬は，先に描いた人間の大きさよりも小さく描いているので，関係性を意識している。	⑥最初のうさぎの指人形が，画面に登場したのか，それとも新たに，「犬」を描いたのか。

134　第Ⅱ部　画面構成過程の臨床的研究

Time	描かれる描画図（画像）	状況メモ	視覚的観点	物語的観点
13	⑦	⑦中央のマンション右に「おかしやさん」を描こうとし、家型の枠を描き、その中を3段に分けた。1段目に6色をつかい、お菓子のようなものを描いた。次に上部に「おかしや」と文字で書こうとしたが「や」のところで「間違えた！」と保育者に告げた。そして4番目の失敗した文字を「□」にし、「お菓子の模様！」と言って納得した。	⑦「おかしや」の文字を書く際、文字スペースを考えず無計画に字を書いたため最後の字が書けなかったのか。それとも「や」という文字が分からなかったのか。・お菓子は、5色のペンを使い分けた。	⑦マンションがあるので、お店を描きたくなったのか。・お菓子の色分けは、それぞれ味の違いをイメージしている可能性がある。
21	⑧	⑧右の空いている空間に、四角を重ねて描き「T」文字のような線を描く。	⑧右の隙間に何か埋めようとした。	⑧「T」は文字なのか未定。店の横なので駐車場とも考えられる。
	⑨	⑨左の人物とマンションの間に、木を描く。	⑨視線はいままで画面右に集中していたが、左側に移った。	⑨マンションの横に木が植えてあるようだ。
	⑩	⑩お菓子屋の2段目に棒のついたペロペロキャンディーを描いた。	⑩お菓子の上の空間が空いていたので、描いた。	⑩キャンディーのようなものを色を変えて描いた。様々な味にした。
24	⑪（完成作品）	⑪左上部に数色で虹を描き、その下に風船を描いた。ここで時間終了となり完成させた。	⑪右上に太陽があり、左上に虹を描くとバランス的に釣り合った。・風船を右上の太陽と同じオレンジ色にしたのは、色彩的に釣り合いを考えた可能性がある。	⑪描き終えて、うさぎの指人形手に持ち、おかしやさん→散歩しているペット→マンションの順に動かしてあそんだ。

【事例3】描画プロセス分析シート3　C子

2009年　7月2日　ID　090702C　（5歳児）				
記録時の状況や環境メモ 　「傘をさして出かけよう」というテーマの設定保育。傘型に切った折り紙を画用紙に貼り，そこから自由にイメージを広げてカラーマーカで好きなものを描いた。最後は保育者が用意した「雨」の絵の具で装飾した。C子は年長児でいつも積極的に描画を楽しむ。				
Time	描かれる描画図（画像）	状況メモ	視覚的観点	物語的観点
（分） 00	①	①自分で選んだもようの傘を画用紙の上部に2枚貼った。	①画用紙は縦長に使用した。上部に傘を貼り，下部に大きな空間ができた。	①傘を2つ並べようとした。
08	②	②傘の下に，髪の長い人物を左から順に描いた。	②2人の人物を描くが，紙面の下部に大きな空白がある。 ・傘の下の人物は，両方とも左寄りに描いている。右側に何か描こうとプランしているようだ。	②髪の毛をカールさせて描いたので，女の子のイメージ。
09	③	③左の人物の手を描き，次に傘の柄（え）部分を棒線で描いた。その後，手と柄の間の隙間を，さらに棒線を追加描画した。	③人物が傘の下で左寄りに描いていたのは，手と傘の絵を描くためであった。 ・手と傘の絵の隙間を意識して，つなげた。	③手で傘を持っていると言う思いがあったので，棒線を追加してつなげた。
10	④	④右側の2人目の人物も同じように，手を描いて，その後傘の柄を持たせた。	④左の人物の手は棒線で描いたが，右の人物は，囲む形で手を描いた。	④2人目の人物もしっかりと傘を持っている。

第Ⅱ部　画面構成過程の臨床的研究

Time	描かれる描画図（画像）	状況メモ	視覚的観点	物語的観点
13	⑤	⑤左の人物の脚を，画用紙の底辺まで伸ばして描いた。その際，前に描いていた棒線の脚のうえに重ねるように，スカートかズボンのようなものを描いた。	⑤人物画空中に浮いているようであったが，脚を長く伸ばすことにより地面に着地している。 ・画用紙の底辺を基底線としている。 ②で描いた棒線の短い脚は無視し，新たな脚をつくった。	⑤左の人物の脚がかなり長くなった。地面に脚をつけ，下靴を履いているよう。
	⑥	⑥右の２人目の人物も最初描いた短い脚の上から重ねるようにして，スカートかズボンを描き，そこから底辺に着地するような長い脚を描いた。そして，保育者に「これ大人だよ」と言った。	⑥２人目も浮いているようであったので，地面に脚がつくよう長さを調整したと思われる。	⑥２人目の長い脚の下にも，靴のようなものを描いた。長い脚で背が高いので，「大人」と意味付けたと思われる。
	⑦	⑦画面の左右，下の方に，再び傘型の折り紙を貼った。	⑦折り紙は左右のバランスを考えてはっているようである。 ・①で貼った折り紙とは異なる模様を選んだ。左右，同じ模様である。	⑦なし
21	⑧	⑧左右の折り紙の下に，左から順に人物を描いた。そして，先に描いた脚の長い人物をさして「これ大人」と言い，今描いた左右の人物を「これ子どもだよ」と言った。	⑧これらの人物も地に脚がついていない。脚は棒線である。 ・左右対称に描いているが，髪型は変えている。	⑧大人と子どもが歩いている。
	⑨	⑨先ほど描いた人物（子ども）の脚を追加して伸ばし，地面に脚をつけた。左の小さな人物にはスカートかズボンを描いた。右はそのまま棒を追加した。	⑨脚が浮いているのがおかしく感じたのか，追加して棒状の脚を描いた。	⑨大人と子どもが同じ地平を歩いている。

第5章 描画プロセス分析シートによる描画過程の分析　137

Time	描かれる描画図（画像）	状況メモ	視覚的観点	物語的観点
13	⑩	⑩画面の左端に花を描く。右の小さな人物の左側に、カールした髪の毛のようなものを描く。	⑩隙間に花や髪の毛を描いた。	⑩花の咲いている道を散歩しているようである。
	⑪	⑪保育者の方から、「雨」は絵の具で描けることを伝えられた。・画面下部に水色で円を5つ描き、「水たまり」と保育者に伝えた。	⑪「水たまり」は水色で描いた。	⑪傘をさしているので、水たまりを描いたと思われる。
21	⑫完成図　（完成作品）	⑫保育者は、雨の色として、水色と黄色の共同絵の具を設定した。パスで描いた幼児から、この絵の具で雨をふらした。	⑫描いたものが絵の具の雨にぬれないよう、丁寧に筆を運んだ。	⑫絵の具で、たくさんの雨を降らせた。

138　第Ⅱ部　画面構成過程の臨床的研究

【事例4】描画プロセス分析シート4／D男

2011年　12　月16　日　ID　111216D　　（5歳児）

記録時の状況や環境メモ
　年長35名一斉，設定保育。大きさの違う三角形の色画用紙を組み合わせると「木」に見えるというきっかけから，どんな世界にするか自由に絵を描いた。子どもから「森ができたよ」「サンタさんの森だ」などと声が上がり，12月であるので多くの子どもがサンタクロースの森の様子を描いた。D男は描きながら保育者（筆者）に説明をすることもあった。自分のイメージにそって図式を変形させながらストーリーをつくっているようであった。

Time	描かれる描画図（画像）	状況メモ	視覚的観点	物語的観点
（分）10	①	①三角形の色画用紙を3段に重ねて下から貼り，その左に今度は上から2段重ねて貼った。周りの友に同調してとりあえず貼ったようだ。	①左の組み合わせは二枚のみでアンバランスに感じる。（途中で他のところに注意を向けたようだ。）	①「木」としての幹は描かなかった。
13	②	②サンタの三角の帽子から描いた。サンタはすべて青色のパスで輪郭を描き，後で帽子と服を赤色で塗込んだ。そのまま目，口も赤で描いた。	②画面の左下にサンタを描く。目，口の位置により方向性が定まっている。帽子から描き始めたのは木の三角形の影響か。	②サンタの顔は木の方向に向いている。こちらに向かって物語の展開があることを予期しているようでもある。
14	③	③黄色で塗り広げてサンタの手に続く線を描き，「プレゼント」と保育者に伝えた。	③プレゼントの袋を黄色で塗込んだ。	③黄色で描いたものはプレゼントの袋のようである。
15	④	④サンタの足に重ねるように上から茶色でそりを描き，その右にそのまま茶色でトナカイを3頭描く。さらに各トナカイの首から手綱の線をひく。・画面右の三角の木を完成させて幹を描き，色画用紙の上にツリーの飾り模様を描く。	④そりを塗込み，サンタの足を隠す。後で思いついたことは，上に重ね塗ることで解決している。・トナカイの顔は目一つで横向きの構図になっている。	④トナカイの首から手綱を描きサンタの手に持たせている。右に向かって進むようだ。その後，右を意識したのか，最初に貼った木に幹を描きツリーを完成させた。
16	⑤	⑤トナカイの上部に矢印を描き，保育者に「サンタさん空に飛ぶよ」と言った。	⑤矢印の記号で動く方向を現している。	⑤サンタが飛ぶことを予告し，その後のメドを立てている。

第 5 章　描画プロセス分析シートによる描画過程の分析　139

Time	描かれる描画図（画像）	状況メモ	視覚的観点	物語的観点
17	⑥	⑥矢印の方向に左下に描いたサンタをみながらもう一度サンタを描く。帽子、服、プレゼント袋はすべて赤色で描いた。足は下方に棒線をのばして表現した。	⑥手は左下のサンタの手の描き方と異なる。簡略化しているようだ。 ・地面と、飛ぶサンタがいる空の空間を区別している。	⑥右上に二つ目のサンタを描き、飛んでいる様子を表現しようとしている。この時点で、二つのサンタは同一のもので、時間差で移動したことを表している。
18	⑦	⑦サンタに近い方から3頭のトナカイを描き、その後そりを描いた。そのそりは⑤で描いた矢印の上に重ねて描いた。その後、2番目のサンタの足を右横に描き加えた。	⑦足を修正して横向きに描いたのは、いつもの直立の図式を描いていたが、「そりに座る」という動きの文脈に合わせて、形態を修正したのではないか。	⑦トナカイも同じ方向に向かっているように目の位置などを調整して描いている。立っていたサンタが座るという動きの時間を描いたのか。
21	⑧	⑧画面左上に黄色で山のようなものを描き、その上に赤色で家を描く。家の横に手を挙げた雪だるまを描き緑色の四角形のものを手の先に描く。「雪だるまがサンタを待っている」と保育者に伝えた。	⑧画面左上に視点が移った。ここに描いているのは遠くにあるという表現か（積み立て遠近法）。	⑧サンタが向かう目的地とサンタを待っている雪だるまを描く。手に手紙を持たせてサンタを期待している自己の体験も反映されているのではないか。
24	⑨	⑨2番目のサンタの前に木を二本、さらに画面右端に一本描き加えた。その間に雪玉のようなものを12個描いた。 ・2番目のサンタの下に青色でアーチ上のものを描き「雪が積もっている」といい、さらに「ここに行く」といって、新たな家を右上角に描いた。	⑨視点は再び2番目のサンタの周りに移動。 ・2番目のサンタは空を飛んでいるはずであったが、周りに木や家を描くことにより地上で走っているように見える。	⑨空飛ぶサンタは地上をそりで走り、雪のふる場所にある家に向かっている。 ・⑦で描いた矢印が見えなくなり、空を飛ぶという意味が薄れたので、空中ということにこだわらないのか。
26	⑩	⑩雪玉の上には黒色で雨雲のようなものを描く。続いて2番目のサンタの上には対照的な虹を描いた。 ・二つ目のサンタの左側に黒い剣を描いた。	⑩雪の空を表わすために黒い雲を描く。 ・天気を描き分けることで時間と空間の移動を表現している。	⑩サンタは虹の空から雪が降る黒雲の国へと行くようである。

140　第Ⅱ部　画面構成過程の臨床的研究

Time	描かれる描画図（画像）	状況メモ	視覚的観点	物語的観点
30	⑪	⑪画面上部すべてに，水色を塗込む。	⑪途中で虹や黒雲が出てきたが，ここにきて画面全体の空を水色で統一して描き，画面をまとめているようだ。	⑪なし
34	⑫ （完成作品）	⑫１人目のサンタの左側に赤でロケットを描き「このロケットに乗って空の上の雪だるまの家に行くよ」という。雪だるまの家の部分は「宇宙」という。 ・左上の家の左側に青色で塗込み「雪が積もっている」と保育者に伝えた。 ・すべて描き終わった後，「サンタが友達のサンタと一緒にプレゼントを届けている」という内容にまとめられた。	⑫視線は再び１人目のサンタの場面に移った。サンタの上部に家があるので，それを宇宙としてロケットに乗るという発想になったのか。	⑫最初，同一のサンタが空を飛んだ様子を描いていたが，物語の流れにより，内容が変更されたようである。

【事例5】描画プロセス分析シート5／E子

2012年 1月13日 ID 120113E （4歳児）

記録時の状況や環境メモ

　年中28名一斉，設定保育。大小の丸形スタンプを組み合わせ，雪だるま型ができることを保育者から知らされる。このだるまはパスで手足，顔などを追加して描くと，人や動物，鳥などに変形応用できることも伝えられる。それをきっかけに子どもたちは，スタンプという楽しみの中で動物などを自由に描き，物語を展開していった。人形の形態概念が定着していない子どもにとって簡単に登場する人や動物が描けるので話の展開をスムーズに視覚化できると思われた。

Time	描かれる描画図（画像）	状況メモ	視覚的観点	物語的観点
（分） 05	①	①画用紙の右下に，耳の長いうさぎのような形を描き，次に並べて耳の少し短い動物を作った。目、口，手を描く。	①二つの動物は耳の形で異種のものにしている。 ・手は描いたが足は省略されている。	①二つの動物は手をつないでいる。
07	②	②続けて左側に耳のある動物と髪の毛がある人を描く。	②3番目，4番目の形態には足を描く。	②3番目，4番目の形態は手をつないでいる。
10	③	③画面中心に長方形を描き，その右横に斜めの線絵を描く。そこから慎重に短い線を下から上にゆっくりと描く。	③中心の長方形は描き慣れたように一筆で素早く描いたが，後の短い線は形を模索するかのように緊張感を持って描く。描きたいイメージに沿って図式を模索する瞬間のようである。	③だるまの上に長方形を描く。これは上ではなくだるまの向こう側にあると言う意味と思われる。（積み立て遠近法）
11	④	④短い線を10本描いた上につなげるように長い線を描き，はしごのような形を作る。	④線の長さを揃えるようにして計画的に描く。	④はしご，または階段のようである。
12	⑤	⑤左側に滑り台の滑る長方形を描く。 ・そして指で滑るような身振りをし，その後⑥のような線を描く。	⑤長方形を描くと滑り台の図式が完成した。形が現れると指でその滑り台を滑るような動きを繰り返した。	⑤滑り台の図式が体験イメージを呼び起こし，まずは身振りで動きイメージを具現化している。

142　第Ⅱ部　画面構成過程の臨床的研究

Time	描かれる描画図（画像）	状況メモ	視覚的観点	物語的観点
13	⑥	⑥滑り台の滑る部分を勢いある線で画面にはみ出すように描く。 ・保育者に滑り台で遊んだことを話す。	⑥追加された部分は動きのイメージと連動して勢いよくサッと描く。しかし，線の始点は⑤で描いた長方形の角に合致している。	⑥画面で遊んでいるうちに身振りの文脈の中でもっと長く滑り台を描くことを思いつき，追加して描いたのか。身振りのイメージをそのまま現したのか。
15	⑦	⑦右階段下に髪の長い人物を描く。	⑦階段と動物の間に重ねないように人物を描いた。	⑦保育者に思い出した話をする中で，滑り台の階段に上がろうとする自分を描いたと思われる。語る文脈でイメージが展開されている。
16	⑧	⑧滑り台の線の上に重ねて髪の長い人物を描き，滑っているように表現した。	⑧手は実際滑っている時のように上に挙げた様子を描写している。	⑧⑦に続いてすぐに滑っている人物を描いたので，⑦-⑧は同人物が動いた様子を描いたのではないか。
19	⑨	⑨滑り台の下に7個目のだるま型スタンプを押し，パスで何かを描こうとしたが，結局は何もせず，だるまのままにしている。	⑨⑧の滑る人物を描いた後すぐに，7個目のだるま型スタンプを押した。結局なにも追加描写せず，文脈上，中途半端になっている。	⑨滑り台の周りに「のぼる人」→「滑る人」を連続で描いたので，7個目のだるまスタンプは，同じ人物が滑り終えたところを描こうとしたのではないか。しかしそこには既に②で描いた髪の長い人物がいたので⑩にみられるようにこれを「お団子」と意味付けたのではないか。
23	⑩	⑩滑り台の左に茶色で長方形を描き緑色で葉を描く。 ・保育者が「楽しそうに滑っているね」というと「これが，E子（本人）で，これも，これも，いっぱいE子（本人）がいる」と伝える。 ・そして一番左のだるまは「お団子」と言い，「みんなお団子ゲームして並んでいるよ。勝った人が，滑り台で滑るよ」と説明をした。	⑩画面左の空間を埋めるように木を描いた。	⑩だるま型のスタンプをどうにか画面に意味的に位置づけるために話を組み立てたと思われる。

Time	描かれる描画図(画像)	状況メモ	視覚的観点	物語的観点
34	⑪ (完成作品)	⑪滑り台の下に赤い点を四つ描き「落ちないようにこうしている。前に見たことがある」と説明した。そして「お団子」の左に黄色い花を描いた。 ・その後，保育者の設定した白い絵の具で雪を降らせている。	⑪絵の具の雪は描いた内容の隙間にえがいた。	⑪自分が遊んだ体験から思い出したことを追加して描く。

【事例6】描画プロセス分析シート6／F男

2012年 1 月13 日 ID 120113F （4歳児）

記録時の状況や環境メモ
　年中28名一斉，設定保育。大小の丸形スタンプを組み合わせ，雪だるま型ができることを保育者から知らされる。このだるまはパスで手足，顔などを追加して描くと，人や動物，鳥などに変形応用できることも伝えられる。それをきっかけに子どもたちは，スタンプという楽しみの中で動物などを自由に描き，物語を展開していった。

Time (分)	描かれる描画図（画像）	状況メモ	視覚的観点	物語的観点
00	①	①画面下に雪だるま型をスタンプし，顔，手を描く。 ・次に上部に横並びにスタンプし，目と羽を描いて鳥にした。	①画用紙下が基底線になり，上が「空」という認識になっている。	①人が鳥に向かって手を振っているようである。
00	②	②人の右に桃色のギザギザ線を斜めに描き，その上に四角の部屋を描く。	②ギザギザ線はゆっくりと慎重に描く。	②階段とその上に四角の部屋を描いたようだ。
	③	③人の左に黒色で四角を描き，桃色でドアノブを描く。	③ドアは人よりも大きく描いたので，描いたものの関係性を意識している。	③階段と部屋を描いたので，家のドアを描いた。 上部に鳥がいるので室内と屋外を分けようとしているのか。
04	④	④ ②で描いた右の四角の上に四角の部屋を描き，「ここはご飯食べるところ」と言い，テーブルを描く。 ・次に身振りで「ここの空いているところは寝る場所」と言った後に，そこに実際に四角を描いて部屋を描いた。そして内側にベットのようなものを描いた。	④テーブルは別の色で描いた。 ・「寝る場所」は下の部屋よりも大きな四角を描く。→内部に描く内容を意識して計画的に大きく描いたのか。	④「ここは寝る場所」と宣言してその部屋を描いた。その部屋の内側にベットを描き「下は引き出しになっている」という。
	⑤	⑤人の上に横線をひく。	⑤人がいる空間をつくる。	⑤人の部屋の天井の線を描き，内部と外部を分けた。

第5章　描画プロセス分析シートによる描画過程の分析　145

Time	描かれる描画図（画像）	状況メモ	視覚的観点	物語的観点
12	⑥	⑥一番上の部屋に寝ている人をスタンプし、目口を描く。次に、下の部屋に机に向かう人をスタンプし、目と口を描いた。 ・ドアの左にスタンプし、耳を長くしてうさぎにした。	⑥スタンプを後ですることを計画して先に部屋を描いたようだ。 ・寝た人と机に向かう人は横向きの顔である。 ・横向きと前向きを描き分けている。	⑥寝た人→テーブルに向かう人→ドアの外のうさぎの順で続けて描いた。 ・寝た人の下に色を変えて枕を描く。 ・ドアの外の人は耳が描かれうさぎになる。
	⑦	⑦部屋の2階部分に机とイスを描く。 ・その後、しばらく画面を眺め、真ん中の人の部屋に三角屋根を描いた。	⑦机とイスは色を変えて描いた。 ・家の図式でよくある三角屋根を描く。	⑦画面を眺めた後、三角屋根を描き、家らしくした。
	⑧	⑧右下の部屋（階段の右）に白色のパスで塗り込みをし、その上に人スタンプをして顔を描く。そして「お風呂に入っている」と保育者に説明した。	⑧先に白で塗り込みをした上に、重ねてスタンプした。	⑧白の塗り込みは風呂の湯のイメージである。先にお湯を入れて、その後に風呂に入るという実際の行為の流れに沿って描いたようだ。
	⑨	⑨うさぎの左にドアを描き、「お友だち、こっちのお家」と説明した。	⑨うさぎと同じ大きさのドアを描いた。色は、隣の人の家のドアとは異なる色を選んだ。	⑨うさぎは、家の外であったが、ドアを描くことによって隣の家をつくろうとしている。
15	⑩	⑩うさぎの左のドアの下部からギザギザの線を描き、途中で右の家に続く直線になった。そして「すごいことになった」「ここがお部屋になった」「鳥がここに飛んでいる。」と保育者に伝えた。	⑩ギザギザの線は、右の家と同じく階段を描こうとしてうまく描けず、そのまま右の部屋につなげたようだ。原因としては、1. 左の隙間に充分なスペースがなかった。2. 階段線の右上がりは慣れていたが左上がりは形が思うようにいかなかったのではないか。これにより、予想外の空間ができたと思われる。	⑩思いもよらない空間ができ、「すごいことになった」と自分でも驚いた。 ↓ そして、区切られた空間を「お部屋」と「鳥さんが飛んでいる」外に分けた。

146　第Ⅱ部　画面構成過程の臨床的研究

Time	描かれる描画図（画像）	状況メモ	視覚的観点	物語的観点
20	⑪	⑪4階部分にドアを描き，「こっちからも行ける」と言った。	⑪なし	⑪4階のペットの部屋からも外に出るドアを描いた。
	⑫	⑫うさぎの上部に横線をひき，部屋のようにした。 ・次に⑩で描いた階段の左横に黒い線ではっきりと分かるように上部に向けて線を描いた。	⑫画面の左側に，力強く黒色の線を描く。→明らかに空間を区切るための線と思われる。	⑫うさぎの家のドア左から階段を描いたので，その階段を含めた大きな家の中を作ろうとして，はっきりと黒色で部屋の壁を作ろうとしたのではないか。
	⑬	⑬鳥を囲む線を描き，左に黒の固まりを塗り込んだ。そして「これ鳥かごで，カギだよ」と説明した。 ・うさぎの家の上部を指さし，「ここに何を描こうか」と保育者につぶやいた。	⑬うさぎの家の上部の空隙が気になるようだ。	⑬鳥を囲う線は鳥の部屋という意味か。最初は鳥は外を飛んでいたが，⑫で画面左に黒線で壁を描いたため，全てが部屋の中になった。そこで鳥を囲い「鳥かご」にしたと思われる。
25	⑭	⑭「この下にタイヤをつけたら電車の家になる」と述べた後に，丸のスタンプを画面下部に押した。	⑭タイヤと見られる丸スタンプは，画面の下部にバランスよく押された。すでに描いたものの部分に重ならないよう慎重に押した。	⑭タイヤをつけて，全体を「電車の家」として意味のまとまりを作った。
26	⑮	⑮うさぎの部屋の上に，四角の部屋を描き，そこに二つの四角を描いて「ペット」と説明する。 ・友達には「これ電車のお家だよ」と説明した。	⑮うさぎの家の上部の空いている空間に四角を描いてバランスを図ったと思われる。	⑮一つひとつの仕切られた空間が部屋になり，全体では「電車の家」として意味付けて，それをおもしろがって友達に伝えた。
34	（完成作品）	・この後，保育者から絵の具で雪を降らせてもよいことを聞き，タンポ筆で雪スタンプを押して完成させた。		

第5章　描画プロセス分析シートによる描画過程の分析　　147

【事例7】描画プロセス分析シート7／G男

2012年　1月　27日　ID　120127G
記録時の状況や環境メモ・備考 　10cm×7cmの画用紙を2つに折り，1回のみハサミで切り落とすと凸凹の二つの形ができる。そのかたちを貼ることをきっかけにイメージを広げ，何かに見立てたりしながら絵を描くという一斉保育である。20名保育者2人が対応する。上記サイズの画用紙は2枚配る。半分に折って切ると意外なかたちが生まれることに年少児は興味を持ち，皆，主体的に関わったと思われる。G男もその1人で，過程を楽しんで関わった。

Time	描かれる描画図（画像）	状況メモ	視覚的観点	物語的観点
（分） 0	①	①紙のパーツを家のような形に組み合わせ，その横に一辺をギザギザに切った三角形を貼付ける。横の友達とロケットの話をする。	①紙の中心に貼る。	①真ん中の組み合わせは「ロケット」にし，その横に，乗るための階段を付けた。
5	②	②画用紙上部を黒色で塗り込んだ。	②画用紙上部を空にし，下部を基底線に見ている。	②夜をイメージしている。
	③	③赤色で先に画用紙左に枠を描き。右にもう少し大きな枠を描いた。	③ロケット中心に，左右両方に枠を描きバランスを考えているようだ。	③ロケットの周囲にあるものを描こうとしている。
10	④	④右枠に，上から，赤，灰，だいだい，青，の線を描く。	④様々な色を使い分けている。	④ビルの部屋のようなものができた。
	⑤	⑤右枠に緑の縦線を右から2本描く。次に桃色のボタンのようなものを3つ描いた。その下に四角形を描く。	⑤枠の中を計画的に線で仕切っている。	⑤部屋をイメージしているようである。
20	⑥	⑥四角の中に入る人物を描きしばらく眺めた。 ・働いている人が「こっちの部屋に行きたい」「どうやっていったらいいのか分からない」と身振りで描いた人を指さし，左の部屋に指を動かす。 →友達から「階段を描いたらいいよ」と言われ，うなずく。	⑥人物は手が省略されている。スペース的に描くことができなかったのか。	⑥人を描いて「ここで働いている」という。この人は「こっちの部屋に行きたい」「どうやっていったらいいのか分からない」と身振りで友達や保育者に説明した。

Time	描かれる描画図（画像）	状況メモ	視覚的観点	物語的観点
	⑦	⑦左枠から右枠に渡す橋のようなものを描き，右下の部屋の上に，もう1つ部屋を描いた。	⑦全体的に垂直，水平の直線の組み合わせをバランスよく描いている。	⑦友達のアドバイス通りに，左右をつなげる道や階段を描きはじめる。
30	⑧	⑧人物の横からはしごを描き，さらに左の部屋の横にもはしごを描いた。 ・次に赤色で「ボタン」「上下の矢印」「レバー」を描き，「レバーを動かすとロケットが発射するよ」「赤いボタンを押すといろんな色に変わるよ」「こっちの部屋に行くと寝る部屋だよ」と保育者に伝えた。	⑧はしごは左右対称に描かれた。	⑧ロケット基地のようなイメージで，ボタンの操作や隊員（人物）の休憩場所などの物語があるようだ。
	⑨	⑨左上の部屋にベッドを描く。	⑨なし	⑨説明をしながらそれぞれのスペースに何を描くか発想しているようである。 ↓ ↓
35	⑩	⑩左下の部屋に長丸を描き，その中に人を描く。	⑩人は手，顔の目口は省略されている。顔をペールオレンジで塗り込んだので，そこに重ねて目，口を描くことができなかったのか。	⑩その流れで人物を描いた。レバーとか矢印の近くに描いたので，ロケットを操作している人物のようである。
	⑪	⑪左上の部屋のベットの上に，横になった人物を描く。顔は塗り込んでいる。	⑪ベットの人物の顔も詳細は省略されている。 ・人物図式を横に寝かせて描いた。	⑪さらにその人が2階で横になっている様子を描いた。
40	⑫	⑫左上の横になった人物の付近に四角のドアを描き，矢印で下方向と直進方向を示す。 ・また各場所にも人が動く様子を矢印で示す。	⑫人物は計3名描かれているが，これは同一人物で移動した時の様子をそれぞれの場所，場面に描き，その動きを矢印で示している。	⑫矢印に沿って登場人物がどのように移動するかを保育者に指で示しながら伝えた。

Time	描かれる描画図（画像）	状況メモ	視覚的観点	物語的観点
45	⑬	⑬それぞれの場所で人が喋るマイクのようなものを四角で描く。 ・ロケットから吹き出す火を下に描く。	⑬隙間に重ならないように，細かいものを次々に描いていく。	⑬「いろんなものを描こう」「しゃべるやつ」と言いながら緑色で四角を書く場所に描いた。 ・ストーリの流れが確定してくると，そのストーリを作る中で必要な事柄を次々にカタチにしていく様子である。
	⑭	⑭左部屋に何かぶら下がったようなものを描き「これ聞くもの」という。「まるは聞くもので，四角は言うところ」と保育者に説明した。	⑭なし	⑭ ⑮以降，これが続いていく。
50	⑮	⑮ロケット右上に窓のような四角を描き，ロケットの方にも窓を描いた。そして身振りで「この窓からこのロケットの窓に飛び降りる」と言いながら指を動かした。	⑮画面全体を意識しながら描き進めている。	⑮まるで自分が画面の中に入ったかのように，物語と同時に次々にイメージを描き出していく。
	（完成作品）			

【事例8】描画プロセス分析シート8／H男

2012年　1月　27日　ID　120127H

記録時の状況や環境メモ・備考
　10cm×7cmの画用紙を2つに折り，1回のみハサミで切り落とすと凸凹の二つの形ができる。そのかたちを貼ることをきっかけにイメージを広げ，何かに見立てたりしながら絵を描くという一斉保育である。20名保育者2人が対応する。上記サイズの画用紙は2枚配る。半分に折って切ると意外なかたちが生まれることに年少児は興味を持ち，皆，主体的に関わったと思われる。H男もその1人で，過程を楽しんで関わった。

Time (分)	描かれる描画図（画像）	状況メモ	視覚的観点	物語的観点
0	①	①小さな画用紙を切ったものを真ん中に貼った。	①中心に貼る	①なし
5	②	②右横に，切り取ったもう片方の紙片を貼る。	②先に貼ったものと少し重ねるように貼る。	②なし
	③	③貼ったものに目（黒色）と口（赤色）を描き，顔のようなものにした。保育者に「カエルさん」と言った。	③偶然のかたちを「カエル」に見立てた。 ・目，口の色を描き分けた	③目と口を描くことによりいきものになった。
9	④	④別の紙を切り，大きな紙片を左側に貼り，切り抜いた円形の紙を真ん中の顔の上に貼る。	④適当に貼るのではなく，並べてはっているようだ。	④カエルの仲間のイメージのようである。
10	⑤	⑤左の紙片にも黒色で目を，赤色で口を描く。その後しばらく身振り，発声をしながら，画面を指でさしたり，指を移動させて遊んでいる。 ・身振りをしながら「ビッピー」と発音する。そして保育者がそこに行くと，「これ泣いている」と言った。	⑤先に貼った顔と同じ手順で目，口を描いた。 ・いちばん左に貼った紙の穴が涙に見えたようだ。	⑤身振りを使ってカエルが動いているイメージを表す。また「泣いている」カエルが登場した。

第 5 章　描画プロセス分析シートによる描画過程の分析　　151

Time	描かれる描画図（画像）	状況メモ	視覚的観点	物語的観点
12	⑥	⑥左顔の下に，渦巻きを外側から右回りで中心に向けて描く。	⑥渦巻きは重ならずきれいな線になっているので，目でコントロールしながら描いたと思われる。記号的な渦巻きである。	⑥身振り遊びの後に渦巻きを描いたので，身振りを描画に置き換えたと言える。何かがぐるぐる回るストーリーがあるようだ。
13	⑦	⑦画面上部半分を水色で塗る。	⑦上部を空とみなしているとすると，画面の上下関係を認識していると思われる。	⑦上部に水色で塗込む。空または雨のようなイメージの可能性がある。
14	⑧	⑧一番右に貼った顔の下に，紙を貼らず，直接画用紙に目，口，脚のようなものを描いた。しかしその輪郭はない。	⑧すぐ上の貼った紙に描いた顔とおなじような顔（目，口）を描いている。	⑧カエルの仲間を描いたのか。脚が描かれている。
15	⑨	⑨右下に茶色のペンでカエルが飛び跳ねるようなギザギザの線をリズミカルに描いた。	⑨画面右下に集中してギザギザの線を描いている。	⑨　⑧で描いたカエルのような顔が飛び跳ねているような線，動作である。
16	⑩	⑩　⑧で描いた顔の下から茶色の線が引かれ，渦巻きの中に入っていく。	⑩画面を歩くような自由な線である。	⑩線の動かし方を見ると，⑧で描いた輪郭無しの顔が渦巻きに巻き込まれていく様子である。
17	⑪ （完成作品）	⑪その後，茶色の線は，顔の周りを大きく回り，水色で塗った空のようなところを茶色に塗り直すかのように重ねて塗ろうとする。	⑪前に描いたところを消すように重ねて線を描いた。	⑪　⑧で描いた輪郭無しの顔が，再び画面右下から動き始め，最初に貼った顔の周りを移動し，水色の空をすべて茶色で塗り尽くそうとしている。茶色の線は輪郭無しの顔が動く様子を表していると思われた。

【事例9】描画プロセス分析シート9　I男（4歳児）

2012年　1月　13日　ID　120113I

記録時の状況や環境メモ
　年中28名一斉，設定保育。大小の丸形スタンプを組み合わせ，雪だるま型ができることを保育者から知らされる。このだるまはパスで手足，顔などを追加して描くと，人や動物，鳥などに変形応用できることも伝えられる。それをきっかけに子どもたちは，スタンプという楽しみの中で動物などを自由に描き，物語を展開していった。

Time	描かれる描画図（画像）	状況メモ	視覚的観点	物語的観点
(分) 00	①	①真ん中のだるま型スタンプにハートの耳を描く。	①手や目は省略されている。	①耳を描いているので動物を描こうとしているのか。
03	②	②水色の線を12本描く。	②線は上から下へ素早く12本描いた。基底線はないが，画面の上下は意識している。	②雨又は雪が降っているように，すばやく描いた。雨又は雪のふる動きの身振りがそのまま線になっている。
05	③	③線の下に団子状のかたまりを水色で描き塗込む。	③先にひいた線のちょうど下に描こうとする。②は雪のふる身振りだが③は雪を記号的に描いている。	③空から雪が降ってきているように見える。
08	④	④「雪のかたまり」と言いながら，水色で大きな円を描く。 ・そのうち，円からはみ出た線を規則正しく整えて，「太陽やで」と保育者に伝える。	④感覚運動的に，ぐるぐると線を重ねる。 ・スクリブルからははみ出した線を追って塗るうちに，規則正しくギザギザができたようにみえる。最初は偶然だが，途中で計画的に塗込みをし，最終的に「太陽」に見立てたと思われる。	④最初は大きな雪を描こうとしたが，塗るうちに形状が変化し，太陽になった。
10	⑤	⑤最初に描いた二つのだるまに，目，口を描き，その右側に3つ目のだるまスタンプをした。	⑤なし	⑤なし

第 5 章　描画プロセス分析シートによる描画過程の分析　　153

Time	描かれる描画図（画像）	状況メモ	視覚的観点	物語的観点
12	⑥	⑥3つのだるまを囲うような線を描く。 ・だるまの上の二つの雪玉を囲うように2階部分を作った。右に格子状の模様を描いた。	⑥だるまと雪玉を隔てるように線で境目をつくる。	⑥だるま人形が雪に当たらないように，天井と床を描き，家にしたようだ。2階には格子状の扉があるようである。
13	⑦	⑦青色で，上部から下部にかけて一筋の線を描き，雪だるまの家の下に何回も往復線を描く。 ・線はそのまま紙に着地したまま続いて，家の2階に移動し，その部屋を塗りつぶす。	⑦2階部屋の水色の雪玉はこの時点で濃い青色の線で消すように塗りつぶされた。	⑦上部から下部に線をひくということは，空から降ってくる雨か雪のイメージであろう。そのまま，地面に水が溜まるように青い線を塗り重ねた。
15	⑧	⑧再び水色に持ち替え，2階部分と空の部分に左右の振幅運動線を繰り返し「雪がくもってきた」ということを2回繰り返した。	⑧雪がくもってきたと言いながら，雪が降り空が曇ってきた様相を往復線で表現している。	⑧　②と③で描いた部分を塗りつぶし「くもってきた」というところから，時間の経過を同じ画面に表現していると思える。
19	⑨	⑨画面左の「太陽」に，まずは黄色，次に黒色，さらに茶色を順に塗り重ねて，「真っ黒になっちゃった」と友達に教える。	⑨　⑤で太陽に見立てたので，光を表わす黄色で力強く塗ろうとした。その流れで，どんどん色を濃くすることを思いつき，塗り重ねられたと考えられる。塗り込むこと自体に面白さを感じているようである。（触覚的文脈）	⑨なし
20	⑩ （完成作品）	⑩白色の絵の具で①で描いただるまの耳の部分と，⑤で描いた右のだるまの全部を塗り消した。	⑩部分部分を意識的に雪の白色で消そうとする意図が伺える。	⑩白色絵の具で消したいところは消して，だるま2体だけがそのまま残された。

【事例10】描画プロセス分析シート10／J男

2010年　10月　22日　ID　101022J

記録時の状況や環境メモ・備考
　35名一斉，設定保育。長い紙の帯を縦に画用紙に貼りそれをエレベータに見立てるきっかけから，店の様子などを描くというテーマである。J男は自分の体験をもとに楽しんで絵を描いた。途中で友達と交流も行なった。

Time	描かれる描画図（画像）	状況メモ	視覚的観点	物語的観点
①		①横に8本の線をひき，まず8階建てのデパートを描いた。次に1階に入り口と出口を描き，その周りに人物をたくさん描いた。そしてデパートの最上階にも机とイスを描いた。さらに1階部分に店屋店に売っているものも描いた。	①画面をまず仕切ることから始めたので，全体を意識しながらの活動である。 ・1階部分を描き次に最上階を描くという描き方も，画面の範囲を意識していると捉えられる。 ・人物は頭足人図式で描く。	①8階建てのデパートを描くことを最初からイメージした。
②		②2階にはレストラン，ゲームセンターを描き，イスに座っている人や，レストランで待っている人をたくさん描いた。	②ほとんどが頭足人で描いているが，胴体をを描いている人物もある。またイスに座っている横向き構図も描いている。	②デパートに行った体験を思い出して描いている。
③		③3階は左端にトイレを描き，トイレ待ちで並んでいる人物を並べて描いた。	③人物の描き方は，顔→脚2本→手という順で，リズムよくどんどん描き並べた。	③トイレに並んでいる人と言う設定のようである。
④		④5階部分も行列を描いている。途中，休憩できるイスも描いて，人物を座らせている。	④人物行列は左から順に描いていった。	④行列の途中でイスを描き人を座らせているので，実際の行列の時の疲れなどイメージしたと思われる。
⑤	（完成作品）	⑤6階〜8階はすべて同じ人物図式を並べた。最後に「デパートでみんなトイレに並んでいるところ」と保育者に知らせた。	⑤同じ形態の人物図式を次々にリズムにのって描くのを楽しんでいるようだ。また画面が単純な人物画でどんどん埋まっていく面白さを感じているようである。	⑤途中で，物語性はなくなり人を描くこと自体を楽しんでいるようであったが，最後に「デパートでみんなトイレに並んでいるところ」と保育者に知らせた。

第4節　シートから見えた描画を楽しむ子どもの特徴

　描画プロセス分析シートでは，視覚的文脈，物語的文脈，その根底に流れる身体感覚的なものの関係性から，図式的表現期以前から継続されてきた子ども独自の表現様式や知的リアリズムによる表現がどのように展開していくのかを実証的に観察することができた。その記述からは，描画を積極的に楽しむ子どもの特徴が可視化された。その特徴は大きく二つに分けられる。一つ目は，子どもが描くこと（語ること）と見ることの相互作用（循環プロセス）を楽しみ，視覚的文脈と物語的文脈が絡み合っていることである。つまり，子どもが自分で思いついた語りのみでなく，常に画面の情報を見て，その影響を受けながら描画内容を発展させることを楽しんでいることである。二つ目は，子どもが物語に沿って動きや時間をリアルタイムに画面上に表すことを楽しんでいることである。以上二つの事項を手がかりに，次章から，図式的表現期の子どもが，描画過程で何を体験しているのかを詳しく分析，考察していく。一つ目に関しては，第6章，第7章で詳しく考察する。そして二つ目に関しては，第8章と第9章で詳しく考察する。

第6章 画面構成過程における意味の変化

第1節 本章の概要

　本章では，描きながら内容が次々に展開される描画に焦点を当て，子どもが一つの画面を構成する過程で，何を体験しているのか，子どもにとって画面上の視覚的内容と意味がどのように変化していくのかを明らかにする。
　特に図式的表現期の課題として序章で見てきたように，子どもは思いついたものから即興的に画面配置していくという初期からの思考法と並行して，紙面全体を意識しながら計画的に描き始める時期がやってくる。即興性と計画性，一見，矛盾するこの二つの性質を合わせ持ちながら，図式期の子どもたちは描画を楽しむのである。
　そこで，描画を楽しみながら描く子どもの過程を詳細に分析することにより，この矛盾をどのように体験し，自分なりに描画を進展させているのかが明らかになると考える。描画過程において，今描いている部分と全体をどのように意識し，関連づけていくのか，思いついたものを次々に描く中で，全体の意味がどのように変化していくのかなどを探っていく。こうした，描画過程中に起こる意味の変化や意味の展開は描画活動の楽しみの一つであり，子どもにとっては他の主体的に関わる遊びと同じくリアリティーの伴う体験であると思われる。

第2節 研究の実際

　第5章に示した描画プロセス分析シート（以下分析シートという）全体から，

描画途中で意味（物語性）の変化が見られたものはほとんどである。この中で本章ではシート1（事例1），シート2（事例2），シート3（事例3），シート4（事例4），シート10（事例10）の描画過程を対象にしてみていく。主に詳細にとりあげるのは，視覚的文脈と物語的文脈の関連が分りやすい事例1「人形であそぶなかでイメージを広げ，そのイメージを画用紙に描いていく描画表現」のプロセスシートである。

第3節　描画プロセス分析シートからの考察

　1枚の絵を描くときの1連の描画過程を，視覚的文脈と物語的文脈に沿って観察したとき，何が明らかにされるのだろうか。今回対象とした描画はすべて四つ切画用紙に描かれた絵である。そこで幼児にとって避けられない重要な制約が発生する。それは空間が限られているということである。子どもたちはどんなものを描くときも常に画面空間という現実を受け入れながら描かねばならない。そしてその現実が，描画内容の行方や発生に影響していると考えられる。

　本章では以上のようなことをふまえ，'描きながらイメージを広げる描画'を次の3つの観点から考察していく。①画面構成過程において，子どもは部分と全体をどのように意識し，それが描画内容にどのように影響するのか。②最初に描いた線形やその配置は，どのように影響していくのか，③画面に描かれる部分（物語や形態のひとかたまり）はどのように他の部分と関連づけられるのか。

（1）部分と全体の意識について

　描画の過程を詳細に見ていると，子どもは現在描いている部分と既に描いた画面全体をどのように意識しながら描き進めているのかが分かる。ここでは，事例1（シート1／A男）・事例2（シート2／B子）・事例10（シート10／

第6章　画面構成過程における意味の変化　159

J男）の例から見ていく。

　まず事例1のA男が描画開始5分後に描こうとしたのは，バスのりばから続く道である。道はバスのりばから続いているので，のりばが線の出発点になると思われたが，そうではなく，画用紙の上部からのりばに向けて道の長さや方向を計画して描いた（図1）。その後も，道を延ばしていくときに，画用紙のスペースを常に意識しながら，少しずつ延長させた（シート1③〜⑦）。こうしたことから，A男はこの箇所を描くときに「部分」と画面「全体」（画用紙の縁）を同時に意識していることが分かる。

　同じ設定保育で絵を描いた別の幼児B子（事例2）の例をみてみると，B子はまず，まず大きなマンションを画面の真ん中に描いた（シート2①）。次に基底線となる地面の様子を画面下に描いた（③）。そして画面上に太陽を描いた（④）。これで，画面の中心と上下の空間が舞台装置としてそろった。その後，B子は，真ん中のマンションを中心にし，画面の左右を意識しながら次の順に描いた。⑤人物と⑥ペット（左側）→⑦おかしやさん（右側）→⑧家のようなもの（右側）→⑨木（左側）→⑩お菓子屋の看板（右側）→⑪虹（左側）の順である。図2は，筆者が順序を分かりやすくするために画像にシート2の描画順番号と意味を記入したものである。順を追ってみると，左右交

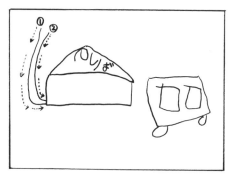

図1　A男　描画開始5分後に道を描く。①，②の順で画面を意識して描く。（①②の点線矢印は筆者が説明するために書いたもの）

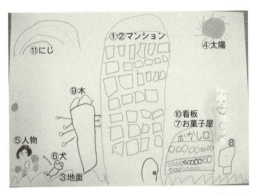

図2　B子　①〜⑪の順に配置した。マル数字とその横の文字は，順序を分りやすくするために画像に筆者が記入したものである。

互に視線が動いているのが分かる。B子は，自分の作った指人形が楽しめる世界を描こうとしたのだが，常に画面全体を意識しながら描きたいイメージを発展させている様子がうかがえる。

　以上の例からは，図式期の子どもが現在描いている部分と画面全体を両方とも意識しながら描き進めていることが確認できるが，別の場面では，一旦，特別なイメージの世界で描き始めると，全体を意識しないことも多々あった。その場合，子どもは，何らかのきっかけで全体を再び意識したときに，今描いている内容の意味を変更していく様子が見られた。

　例えば事例1にもどると，シート1の⑬と⑱の「ガレージ」から「ライオンの檻」に意味が変更されたことがあげられる（図3・図4）。なぜ変化したのか，可能性としては次のことが考えられる。開始後19分から27分の間（⑨〜⑬），A男は自分のペットである「シロ」という犬を描き，そのイメージの延長で犬小屋の横にあるガレージなどを描いていたと思われる。しかしその時，その描画の経過を知らない保育者は，A男が最初に描いたバスについてコメントしたため，開始後20分にA男は再び画面全体を意識しはじめ，始めに描こうとした「バスで動物園に行った」体験を思い出し，重点が徐々に

第 6 章　画面構成過程における意味の変化　　161

図3（左）・図4（右）：Ａ男　開始後27分（⑬）と35分（⑱）の絵の比較。左図のガレージは，物語性が進む中で，動物園の意味が強くなり，「檻」になった。

そちらに置かれるようになった可能性がある。それは，その時点から急にバス停や標識を画面の数カ所に描き出したことからも伺える。そして開始後35分（⑱）では自宅の「ガレージ」を動物園の「ライオンの檻」に見立て直したという流れがある。第3者からの言葉がけによって，画面全体を意識するきっかけがあり，それが現在描いている部分の意味を変更させたとも見て取れる。

　こうしたことは，別の子どもの分析シートからも見られた（事例10／シート10）。図5を描いた5歳児は，デパートの絵を描くというテーマが保育者から与えられた。この子どもは横線を8本描き「8階建てのデパートだよ」と教えてくれた。その後，1階と2階に店，レストラン，ゲームセンターを描き，人を棒状の人間で表わした。そしてレストランにはたくさんお客さんがいることを思い出し，人を並べて描きはじめた。途中から（レストランの）物語性は弱くなり，視覚的文脈（＝空いた空間に同じ形を並べる活動）が強く働き，同じ形を並べることに楽しさを見出して盛り上がっていた。しかし最終的に保育者から何を描いたのか聞かれたとき，この幼児はもう一度全体を意識し，「デパートでトイレに並んだ人」と意味付けた。「デパート」，「人の羅列」を「トイレに並ぶ」という意味付けにより，1枚の絵として意味的にま

図5　J男（5歳児）「8階建てのデパート」から「レストランでトイレに並ぶ人」に全体の意味が変化した。

とめあげて完成させたのである。

　ここで部分と全体の関係から，この時期の子どもの画面への関わりと意味の変化についてまとめると，子どもはまず思い浮かんだ対象やいつも描いている描きやすい形態から描きはじめるのであるが，一旦，特別なイメージの世界（物語性）が生まれたり感覚的な面白さの追求がはじまると，その流れを押し進めるように描画（関わり）が展開される。その時点で全体は見えていないが，そのうちに，何らかのきっかけで再び画面全体を意識したとき，全体と現在描いている部分の関係性を意識する。それは周囲からコメントを求められたり，終了時間となり画面全体を見渡すなどしたときである。そして，現在描いている部分の意味は薄められ，画面全体と部分の物語を関連させ，全体的な観点から，物語が更新されることがあるといえる。

（2）描画手順の影響

　子どもの描画過程を詳細に観察していると，画面に関わるときの手順が，描いている内容に変化を与えていることに気づく。事例1で，シート1の⑬と⑱で「ガレージ」から「ライオンの檻」に意味が変更されたA男の例をあ

げた。そこでは部分と全体の関係意識の観点から意味変更が行われる可能性を指摘した。しかしここでは，別の観点からその解釈を行ないたい。

⑬でA男が「ガレージ」と言ったのは，実は始めから「ライオンと檻」を描こうとしたが，先に檻のつもりで描いた四角の枠に，横縞の線を描いてしまい，その上にライオンが描けなくなったため，その見た目から「ガレージ」に変更したのではないか，という解釈も成り立つ。つまり，檻の柵を縦縞ではなく，横縞に描いたという手順のミスをしてしまい，その形態の印象がガレージ（あるいはガレージのシャッター）に見えたという可能性である。しかも，檻の線を先に描いてしまったためにライオンが描けなくなったともいえる。そしてA男はそこであえて「ガレージだよ」と保育者に言葉で伝えることにより，当初の思いである「ライオンの檻」を描くことに失敗した箇所を，別の意味に置き換えて，正当性を持たせたとも考えられる。しかし最後には体験をもとにして「動物園に行った」という物語性の流れが強くなり，ガレージはライオンと檻に変更されたのではないか。この解釈の手がかり（根拠）になったのは，⑭でガレージを描いた後すぐに「どうぶつ」という動物園ゲートを描いたところである。つまり，A男は，始めからこの場所に動物園の一部を描こうとしていたのかもしれない。以上の例から，描画手順により画面上に創り出される視覚情報が，その後の描画内容の意味生成に影響を及ぼすことが考えられる。

　以上のようなことは事例3（シート3／C子）の分析シートからも見られた。筆者は，傘をさす人物を描いてもらうため，図6のように，先に傘（傘型の紙）を貼ってその後に，傘を持つ人物を描くという設定の保育を行なった[1]。この幼児C子は，真ん中の2人の人物をまず始めに描いたのだが，その人物が地面（この幼児は画用紙の底辺を基底線，つまり地面として見ている）からあまりにも離れてしまったことに後になって気付き，画面全体の「釣り合わせ」[2]を考えて，足を長く伸ばして描き「これ大人だよ。大人も傘をさして歩いているよ。」と言葉でつじつまを合わせた。さらに横に小さな人物を2

図6　C子「大人も傘さして歩いているよ」（4歳児）

人描いて「子ども」と言った。最初は大人を描くつもりはなかったが，描き順や部分の描く順番による視覚的効果により，物語（ストーリーのイメージ）の転換が行なわれていると思われる。

　ここで，画面統一に向けてつじつまを合わせるやり方は二つあることに気づく。一つは，人が宙に浮いているように見えることがおかしく感じ，視覚的文脈で足を非現実的に長く伸ばし，画面構成上，'視覚的なつじつま合わせ'をしようとしたことである。この段階では意味は不合理になる。そこで今度は「大人だよ」と言って言葉で'意味のつじつま合わせ'を行ない物語性を持たせている。ここでストーリーが変更され，そのつじつま合わせをより強固にするために横に「子ども」を描いたのだ。筆者は別の例で，足を描き忘れている幼児になぜ足が無いのか聞いたことがある。するとその幼児は，「座っているんだよ」と言った。その幼児の例は，視覚的な手直しというつじつま合わせはしなかったが，意味のつじつま合わせをして，全体をまとめ

たのだ。別の例では，画用紙の右半分くらいに人物や家族の様子など描きたいものを全て描いてしまった幼児が，左半分が空いたため，ハサミで紙を半分に切り小さい画面をつくった。これは，言葉の意味でつじつま合わせをしたのではなく，バランスよく画面統一するために余分な空間を切り捨て，視覚的につじつまを合わせた例として見ることができる。

　これらのことからいえることは，描画過程では，手順や画面上に最初に描いたものの配置により，その後の画面上の意味や視覚的バランスが変化し，新たな描画内容に発展するということである。これは，'描きながらイメージを広げていく'根拠の一つであるとみることができる。

（3）部分と部分の関連付け
　描画プロセス分析シートでは，結果的に複雑に見える絵でも，その描画過程をたどることにより，子どもがどのように画面空間を把握しているのか，視覚的要素が構成されていくのかを見ることができた。ここでは事例1（シート1／A男）と事例4（シート4／D男）をとりあげ，部分と部分がどのように関連していくのか，構造的に把握する。
【事例1／シート1】
　シート①の流れを分りやすく整理するために，A男が描いた意味のかたまり（意味領域）の順に並べて概要を記述すると次のようになる。
・第1意味領域：(画面中央) バスのりば→(その右に) 大きなバス→(のりばの横から紙面上部にかけて) 道→(道の終点) 家または駐車場
・第2意味領域：(画面左下) 家→(その右に) 犬小屋と「しろ」という犬→(その下に) 犬のえさ置き場→(その右に) ガレージ→(左の犬小屋に) ガレージのボタン
・第3意味領域：(ガレージの横に) 動物園の看板→(画面右下に) テントのようなもの→(画面の隙間4カ所それぞれに) バスのりばの

標識→(ガレージの横縞の上に)ライオン→(その下に)「らいよん」という文字→(動物園の看板の横に)チケット売り場→(その中に)チケットを売る人
・第4意味領域：(画用紙最上部に)雨雲→(そこから)雨を降らす→A男「動物園に行ったとき雨が降ったよ」と保育者に告げる

　以上のように，A男の画面に描かれるイメージを細かく並べるとバラバラのようであるが，物語的なかたまりに区別すると，①バス停とバスにまつわる内容，②自分の家とペットの犬に関する内容，③動物園の内容，④雨が降ってくる内容になる。

　ここで注目したいのは，第3意味領域の動物園の看板（ゲート）を描いた後，A男の視線は第1，第2意味領域に移ったり，再び第3意味領域に戻ったりしながら描いていたことである。つまり第1意味領域にバス停を描き足したり，第2意味領域でいったん描いた「ガレージ」の意味を変更して「ライオンの檻」にしたりすると同時に，第3意味領域ではチケット売り場や人を描き始めたのである。これは，第3意味領域の物語が主軸になり，画面全体が関連付けられ，まとめられていく過程と捉えることができる。

　この意味領域と，その関係性を構図に表わすと図7のようになる。図中の＊印は，第3意味領域の物語の流れを押し進める中で，既に描いた形態の意味を変更した箇所である。

　この幼児A男の例では，最終的に，全ての意味領域を言葉で関連づけて「動物園に行ったときに雨が降ったよ」と締めくくった。画面のスペースがほとんどないにも関わらず，画面上部（第4意味領域）に描かれた雨雲と雨は，全体をまとめるために締めくくりの内容として必要なものだったと思われる。

【事例4／シート4／D男】
　次に事例4（シート4／D男）の流れを見ていこう。流れを分りやすく整理するために，D男が描いた意味のかたまり（意味領域）の順に並べて概要を

第6章 画面構成過程における意味の変化　167

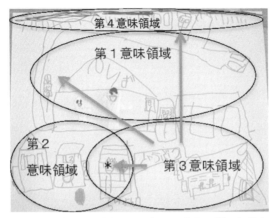

図7　意味領域が融合され，新たな物語展開の契機となる。＊印はいったん描いた意味が，融合の過程で変更された箇所である。

記述すると次のようになる。

- 第1意味領域：『地上のサンタが空を飛ぶ』
　　　（画面右側）木→（画面左端）サンタA→（サンタの手から）プレゼント→（サンタの右に）トナカイ3頭→（上向きの矢印を描き，その先に）サンタB→（サンタの手に）プレゼント→（その右に）トナカイ→（画面左上）家とサンタを待っている雪だるま

- 第2意味領域：『森の中のサンタ』
　　　（サンタBの目先の前方に）木を3本→（隙間に）雪玉を12個→（雪たまの上に）黒い雨雲→（サンタBの頭上に）虹→（サンタBの左側に）黒色の剣

- 第3意味領域：『2人のサンタ』
　　　（画用紙上部全てに）水色の空→（サンタAの左側端）赤色のロケット→（サンタAの頭上の雪だるまと家）宇宙→（その横に）雪が積もる

168　第Ⅱ部　画面構成過程の臨床的研究

図8　意味の発生と融合過程

以上のように，D男の画面に描かれるイメージを細かく並べるとバラバラのようであるが，物語的なかたまりに区別すると，①地上のサンタ（サンタA）が空を飛ぶ，②森の中のサンタの話（サンタB）③2人のサンタ（サンタAとB），と3幕でまとめられる。

この事例において特に興味深いのは，2人のサンタの関係性と物語の展開である。物語の前半ではサンタAが上空に飛び立ったものを，サンタBを描くことにより表したが，それは，実質はサンタAの物語であった。しかし，途中から画面に描き込んだ木や雪の塊などにより，上空を飛んでいたサンタはいつのまにか，地上で活動しているということになった。ここではサンタBが主役であり，サンタAは過去のものになっている（詳細は第7章）。しかし最終的には，「サンタが友達のサンタと一緒にプレゼントを届けている」と言葉でまとめられ，物語が統一された。また視覚的には，これまで雪，雨雲，虹を書き込むことにより，サンタBの移動情報を表現していたのだが，最終的に，それらの各種天気表現の上部（画用紙最上部）に，水色で空を塗り込み，一つの場面としてまとめた。

ストーリー途中で画面の視覚的文脈の影響で，意味の変化が見られたのは，

①サンタ A がサンタ B となったこと，②空中が地面になったこと，③家が宇宙になったこと。④物語の時間上，過去と現行のサンタが，最終的に現存する友達になったこと。以上があげられる。こうしたことを図式で表すと，図8のようである。

以上の二つの事例からの考察の結果，'描く中でイメージを広げていく描画'では，画面のあちこちに小さな物語が描かれることがあるが，子どもはそこに描いた形態や意味のかたまりに関連性を見いだし，またそこから新たな物語を展開させる場合があるということが明らかになった。

また，事例1のシート⑲，事例4のシート⑫にみられたように，基底線（Base Line）があいまいなとき，空の線（Sky Line）を描くことによって画面全体をまとめることがなされることが分った。

第4節　成果と課題

本研究が対象としている描きながら内容が次々に展開される描画は，子どもが楽しみの中で活動を継続させていくものである。継続する行為には必ず何らかの文脈（context）が存在しているということを前提にして，描画プロセス分析シートでは，二つの文脈（視覚的文脈と物語的文脈）に着目し，その関係性から，描画構成過程で内容が展開していく様子を見ることができた。一見，子どもたちは単に思いつくままに何か対象を描いているようであるが，そこでは紙面という空間的制約の中で描画内容が調整・変更されたり，融合されることが分った。つまり子どもはその紙面全体を意識するときと，意識せず画面の一部分に集中して描くときがあり，部分から全体への意識転換が契機となり，意味内容に変化が訪れることがあるということが明らかになった。また，描画手順（画面上に先に描いた線形）や配置が，その後の物語イメージに影響していくことがあるということも明らかになった。さらに，この時期の子どもは画面上に様々な意味（物語的な内容）を描くことがあるが，

各部分の要素がやがて融合されて新しい物語に更新されることがあることも分った。

第6章　引用文献
1) 栗山誠「幼児の"描きながらイメージを広げる"描画の研究～描画手順と意味の変化～」『大阪総合保育大学紀要』第5号，2011，pp.105-114
2) Goodnow, J., 1977, *Children's drawing*. Harvard University Press（J. グッドナウ『子どもの絵の世界―なぜあのように描くのか―』須賀哲夫訳，サイエンス社，1979，p.21）

第7章　物語性と画面構成の関係

第1節　本章の概要

　前章で見てきた描きながらイメージを広げる描画の事例では，子どもが絵を描き終わった時に意味づける内容と，描画過程で語りながら描く時の意味内容は，異なる可能性があることが判明した。このような絵を描く過程では子どもは画面空間をどのように認識して画面構成をしているのだろうか。これまでの研究では，作品から子どもの画面空間の認識について説明したものは多いが，描画過程から考察したものは少ないといえる。そこで本章では，図式的表現期の子どもの描画に特徴的な描き方に注目し，描画過程における物語性と画面構成の関係を明らかにしていく。

　一つ目は，画面の捉え方について考察する。つまり子どもは描くものの位置や向きを統一することをあまり意識せず，画面のあちこちに配置していくという独特の描き方をすることがあるが，この描き方（画面の捉え方）と物語性との関連について検討していく。二つ目は，内容面についての考察である。例えば，絵の内容として見えるはずがないものが描かれていたりする「レントゲン画」や，画面を見る視点が多数点在する「多視点画」などは，描く過程で意味内容が変化していくこととどのような関係があるのだろうか。これらのことは，子どもの絵のユニークな描き方としてよく紹介されるものであるが，作品のみを見ると意味不明な配置や線なども，過程をとおして見るとその意味が見えてくることも多い。

第2節 画面の捉え方について

　今回調査した描画の過程（分析シート）をみると，二つのタイプの画面構成があることに気付く。一つは，画面に上下の基準を示す基底線を常に意識しながら描いたもの，もう一つは，はっきりと意識したとは思われないものである。例えば，事例1（分析シート1），事例6（分析シート6），事例8（分析シート8）は，最終的な作品を見ると上下の関係があるが，描画過程においては，画面のあちこちに物語が描出され，上下配置の関連性は薄いように思える。しかしいずれの画面構成タイプにおいても共通して言えることは，物語性があり，画面上に描かれた各要素は意味的にはつながっているということである。

　ここで，第4章で調査したことを思い出したい。そこでは図式を使った表現をする発達段階でも，基底線は，はっきりと見られない作品が多く存在したことである。基底線が見られないということは，一般には，画面の上下の関係，形態どうしの意味関係をあまり意識していないということである。

　画面構成に関して Lowenfeld, V. は，「様式化前の段階（pre-schematic stage）」と「様式化の段階（schematic stage）」と分けて説明しているが，そこでは，様式化前の段階では「物と物とを相互に関係づけることは考えず再現することだけに満足している」段階[1]で，画面の上下左右という方向性も意識されていない。一方，様式化の段階になると，自分なりの「図式」が完成され，図式的要素を一つの画面に配置する上で，その関係性を徐々に意識しはじめる。そこでは「基底線」といわれる基準の線を画面に設定し，描かれた要素どうしの関係をつないでいくという。

　例えば，図1や図2の作品では，簡単な図式が使用されているが，描かれた内容は画面空間上のあちこちに配置され，基底線のような基準舞台の上に乗っていないことが見てとれる。しかし，第4章の調査からも結果が出たが，

基底線が設定されなくても，叙述性が存在する場合がある。つまり叙述性があるということは，物語的な意味の関係性が含まれるということである。配置はバラバラに見えても，意味のまとまりは考えられて描かれていることになる。では，この場合，子どもは画面をどのように認識しているのだろうか。

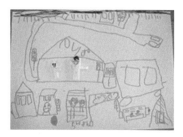

図1　5歳児／分析シート1の作品

清原知二（1995）は基底線に対して，「基底面」という概念を持ち出して子どもの絵に特有な構図について説明している[2]。図3のように，「基底線表現では視点は手前正面部にあり，基底線を含んだ垂直の平面上に要素を配置していると考えられる。

図2　4歳児作品

基底線が線であり基準であることは，要素を表現する位置は基底線上の左右にしか可能性がないことになり，要素の関係の説明が一次元的な左右の関係に限定されることになる。また直接基底線上にない要素も基底線上に立てられた平面上を上下に移動するだけであり，結局要素の位置関係は相対的な左右上下の関係でしか示せない」[3]。この説明から，基底線を使用した構図というのは，画用紙という二次元空間に，上下左右の配置関係をあらわすことに特化して便利であるということがわかる。しかし表現は垂直線上に限定されるから平面向きを描く場所は存在しないといえる。そこで，図4のように視点を正面から天井部に移動させると，平面上の位置関係を俯瞰でき，平面向きの特徴があるものの表現が可能な視点が確保される。清原はここに現れる基準となる平面を「基底面」とし，描かれる要素の空間内の位置関係を意識する場合に現れるという。「基底面は描画平面上での空間認識を表現するために用いられる平面」で，「それはものどうしの位置関係をあらわすため

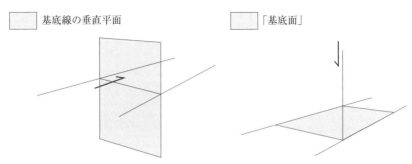

図3　基底線表現の視点（清原知二）　　図4　「基底面」表現の視点（清原知二）

に用いられる一定の意味を持った配置のための下地である」[4]という。そうした観点から，図1と図2の作品を見ると，人物や道などの視点がバラバラの印象を受けるが，描かれた要素を配置している平面＝基底面に注目してみると，平面内での位置関係は関連づけられているといえる。

　以上のことから，図式的表現期の子どもが描く中で画面を認識する方法として二つのパターンがあることが確認できた。しかし，ここでもう少し子どもの描画過程に即して見ると，単純に，あるものは基底線を基準にして上下左右の配置関係から画面構想をし，別のものは「基底面」を基準にして平面内の位置関係をあらわしている，というものではない。つまり，その二つの舞台装置が同時に現れるものもあるのである。例えば図1では，描かれた要素が，基底面を基準として平面内の移動や位置の関係を表していると同時に，左に描いている家や動物園のゲート，チケット売り場はおそらく画用紙底辺部を基底線とした基準軸上の配置である。このように，二つの視点あるいはそれ以上の視点（多視点）から子どもの描画はなされていることが多い。清原はこの問題について，子どもは「場あるいは状況の設定を全ての表現の前に行なう必要がある」といい，それは「基底面」という設定，つまり平面の形をとる場合が多いという。基底面を設定することは「表現全てを包含する受け皿のようなものを先に想定することになる。これはそれぞれの要素の描

画平面上での空間認識に基づく位置関係と平面向きの特徴を持つものを表現する必要性を満たすため」であるという。

以上のことから、描きながらイメージを膨らませ、次々に描いていく表現では、基底線を最初に設定してしまうと、その後の描画が限定されてしまうが、最初の画面意識として、画用紙を「基底面」として捉えたとき、描かれる要素は平面の中のどこにでも移動が可能になることから表現の可能性が増大すると考えられる。さらに「基底面」は、画面の上下左右の関係性を意識する発達段階においても利用することが可能であるということが分かった。

第3節　本来見えない部分を描いてしまう描画の先行研究

幼児期・児童期の子どもが、大人とは異なる独特な構図の描画を行なうことは、一般的に知られている。そしてこの現象に対してどのように理解するか様々な解釈が行なわれてきた。大きく分けると一つに、知的リアリズムとの関係から説明したものが挙げられる。二つ目にそれに対するかたちで視知覚の本質的作用が原因とする観点からの説明もある。三つ目に触覚的な認識という見方もある。まず、この三つの観点から、これまでの先行研究の概要を見ていき、本研究独自の観点である、物語性が画面構成に及ぼす影響に関する調査を行う。

（1）知的リアリズムに要因があるとする見方

本研究では第2章において、子どもが絵を描くときに感性を伴う記憶が関わってくることを見てきた。実際に目の前に対象がある場合でも、想像の中のものを描く場合も、見たことに忠実に描こうとする描き方（視覚的リアリズム）とは異なり、子どもは知っている要素を絵の中に描き込もうとする（知的リアリズム）ということが行なわれる。例えば壁の向こう側の見えないものまで描くなど、自己の視点からは見えない要素を描き込むのである。こ

れに関してLuque, G.H.は、「子どもの精神はカメラと同じではない。確かに子どもの目には全てのものが等しく映っているのであるが、子どもはその中から本質的な要素と二次的な要素とを区別するのである。」「子どもの目がそれらを全部とらえていたとしても、子どもの心は、興味があり重要だと思うものしかとらえない」[5]と説明した。そして子どもは内的モデルという視覚像を精神内に創造し、それに基づいて描画をおこなうという説を唱えたことは第2章でみてきた。子どもにとっての写実性（リアリズム）は、心の中の内的モデルにもとづいて描くことであり、発達にともなって、実物の対象を見えるとおりに描く写実性（視覚的リアリズム）へと移行していくというのがLuque, G.H.の考えである。

Luque, G.H.が知的リアリズム心性を示した後、多くの研究者が検証実験を行ない、さらに詳しく考察してきた。このことは田口雅徳[6]（2001）がすでに整理しているのでそれを参照しながら、以下、明らかにされてきた代表的な研究の概要をまとめて示す。ここでは研究の時期や流れを分りやすくするため、発表された年号を研究者名の後に示すことにする。

①自己中心性説

　幼い子ども達は、物事のある一面に注意を集中してしまい、全体的に捉えることができない。Piaget, J.とInhelder, B.（1966/1969）によると、知的リアリズムは、このような、前操作期の思考特性である中心化傾向のために生じるという。そして視点の分化・協応が可能となってはじめて視覚的リアリズムが出現するという[7]。

②標準型説

　幼い子どもは、見ている対象とは関係なく、対象について既に獲得している知識に基づき、その典型的な型（ステレオタイプ）を描くという説が下記のように多くの研究者から検証されてきた。代表的な研究を下記に示す。

- Freeman, N.H. (1980) は，対象の特徴をもっともよく表していると考えられる「標準型（canonicality）」を優先して描こうとするために，知的リアリズムによる描画が現れるという。子どもは対象についてそれまでに得た知識から規範的な内的モデルを形成しており，その内的モデルがほとんど自動的に現わされるという考えである[8)9)]。
- Thomas, G.V. と Silk, A.M. (1990/1996) によると，例えば，人物の標準型は正面からの見えを描いた場合であり，車の標準型は，横からの見えを描いた場合であるとする[10)]。
- Barrett, M.D. と Light, P.H. (1976) によると幼児は類型的な描画を描くことから始める。つまり個々の実例よりもむしろ描画の題材が属する類型を描くという[11)]。

③知的リアリズム描画における状況的依存性の関連

知的リアリズムというと，隠れて見えないものも描いてしまうという特性が挙げられるが，下記のように場面の状況（文脈）や教示によっては見えるとおりに描画できる可能性が証明されている。

a）対比効果を利用した研究
- 田中義和[12)] (1978) は，コップの取っ手が，左右・前後になるよう4通りに配置して描くよう子どもに指示したところ，4，5歳児で8割の幼児が4つの配置を描き分けることを実証した。このことから子どもは，状況を比べることにより，一つのことに集中する自己中心性が弱まり，全体を意識する可能性が示されたといえる。
- Cox, M.V.[13)] (1981) は，6歳児に2個のボールを部分隠れの状態で呈示し，それを描かせると2個のボールを離して描く知的リアリズムによる描画が見られるが，「警官におわれた泥棒が頭をちょっと出して壁に隠れている」という文脈で，子どもに部分隠れを描かせると，正しく部分隠れの描画を行なうことができたという。田口によると，その後の研究

では，描画場面を文脈化しなくても，壁と人間のように隠すものと隠されるものが異なるものであれば，年少児でも部分隠れを描けることが明らかになったという。

b）文脈効果をみる研究

・Lewis, C., Rusell, C., Berridge, D.（1993）の研究では，描画前に子どもに対象物が何であるかを命名させてから描かせると，取っ手が見えないようにコップを提示したものでも，コップに取っ手をつけて描く反応が多いことが分った。逆に命名させない場合は，取っ手を描かず，見えているとおりの描画が増加することが示され，描画前に命名して，意識するという文脈が子どもの描画に影響する可能性が示されたという[14]。

c）教示の明確化という文脈から検証した研究

・Barrett, M.D. と Bridson, A.[15]（1983）は，子どもが描いている時に，「正確に描いて」「描画中もよく見て正確に描いて」と教示を明確にした。その結果，教示を明確にするほど，見え通りの描画が増加することが示唆されたという。

・Light, P.H., Simmons, B.[16]（1983）は，「どこから描いたか，後から絵を見た他の子が当てられるように描いてください」と教示したところ，その効果は5歳以降で見られたという。

d）課題意識の影響について検討

・田中義和（1978）は，子どもが「カップを描く課題」として受け止めるか，それとも「どう見えるかを描く課題」として受け止めるか，つまり課題意識によって，描かれる結果が異なることを示した。

・松村暢隆[17]（1989）によると，子どもは，Flavell, J.H.（1985）のいうメタ認知が可能な6歳頃になると，課題の意味を読み取りそれに応じることができるので，何のために描くかという課題意識によって描画内容は影響されるという。

e）積極的な伝達意図の存在に関する研究

・田口雅徳[18]（2001）は，知的リアリズム反応の原因として，知っている情報を伝えようとする子どもの積極的意図があると仮定してその検討を行った。その結果，4歳児では自分の内的モデルに基づいて描かれた標準型を描く反応が多く，加齢にともない対象固有の情報を伝達するようなコミュニケーション型（情報型）の描画反応が多くなった。このことから5歳時以降では描画対象固有の情報を考慮し，それを描こうとするために，知的リアリズムによる描画が生じているのではないかと考察された。

　以上のように，子どもの描画における知的リアリズム反応はLuque, G.H. 以降，心理学の中で様々な切り口で実験的に検証されてきた。中でも田口の研究では，従来から子どもの描画発達で知的リアリズムから視覚的リアリズムへの移行が存在することが知られていたが，この知的リアリズムにも，段階があることを発見した。つまり，標準型知的リアリズム→情報型知的リアリズム→視覚的リアリズムへの移行段階を示したことになる。

　以上，発達特性上確かに，知的リアリズム反応は存在すると思われるが，それは実験的な研究における課題の内容に大きく影響されたり，子どもが描く時の意図や文脈により結果は大きく変わってくることが明らかになった。またこれらの研究は，ある物体に隠れた別のものを子どもがどのように描くかなど，実験的な研究が主で，子ども自身の心情に沿った主体的な描画からの考察ではないことをここで確認しておく。また一つの画面に絵を完成させていくといった画面構成過程に焦点を当てた研究は見当たらなかった。さて，知的リアリズムは，見るものや描くものを記憶や概念化作用をとおして説明しているが，そうではなくて，視覚本来の機能にその要因があるとする研究もあるので，次に見ていく。

（2）視覚の本質的機能に由来するという見方

　Arnheim, R. は以上見てきた知的リアリズムについて，「感性的知覚を主

知的知識におきかえて」[19]しまっていると批判し、次のように説明している。「幼児にとっては、ものはみえるとおり、きこえるとおり、うごくとおり、のものである。もちろん、子どもも考えるし問題を解決する。」「しかしこの思考、問題解決、概括は、知的抽象の水準においてよりも、むしろ主として知覚的領域の中で行われるのである。」このArnheim, R.の考えを理解するためには、「視覚の恒常性」という視覚理論について知っておかなければならない。簡単にいうと、私達人間は周囲の世界にあるモノや環境を知覚し、それらの大変複雑な様態や質を知覚レベルで見たり感じたりする。それが習慣化すると、その見方、感じ方は一般化され概念化される。そうなると、もう既に私達はそのものの本質的な特性を直接に、質的、分析的に知覚することをしなくなる傾向がある。このような、概念化された知識から生ずるこうした妨げを「視覚の恒常性」と呼び、この性質は、私達の見るものを知っているものに変えさせるのである。つまり私達は、これによって特定の対象の特性を知覚することの代わりに一般化された視覚あるいは画一化された見方を用いるようになるのである[20]。以上の観点からArnheim, R.は子どもの絵は見たものを描くというテーゼを打ち立て「素朴な観察にもとづいた初期の芸術表現は、一般性、すなわち単純な全体的構造特質に関したものであるはずである」[21]と説明している。

　そして子どもが、はじめのうちは簡単な図式で画を作り、年齢が進むに従って複雑な表現が可能になることに関してArnheim, R.は、年齢を追って段階的に、表現形式の分化が進行するからであるとする。しかし、どんな複雑な形式に進んでも、そこにはそれを統一する簡明な構造を含んでいるところに、視覚というものの本質的作用がある。つまり、Arnheim, R.の立場では、子どもの特徴的な描画表現が現われるのは、視覚に本来の簡潔化の作用に加えて、子どもの段階では表現に分化の度合いが少ないからだと言うことになる[22]。

　それでは、「レントゲン画」のような特徴的な表現はどのように説明され

るのだろうか。これに関しては，表現に於ける「媒体」のもつ条件の重要性に言及しなければならない。つまり見ることにおいて発見した構造特性がどのような形で表現されるかは，媒体の条件によって変化するといえる。鬼丸吉弘は次のように説明している。「描画が対象の本質の把握であるなら，それは対象の主要な特徴を表さなくてはならぬ。しかし絵画の場合媒材は平面であるから，三次元の具体的対象を平面に示すには，これを平面の条件に合わせなくてはならない。(略) 次元の分化は進んでいない。それで，本来画面の二次元と一致しない方向にあるにも関わらず，必要な，本質的な諸要素をすべて画面の二次元中に取り入れることになる。ここで媒材の制約が，進行過程において，分化の仕方を制約するのである。」[23] この原理によって，「レントゲン描写」は，奥行き次元に重層する異質の諸要素から，本質とみなされたものだけを選び取り，同一平面上に構成する行為であり，現実の三次元画面を画面に二次元化する手法であると説明できる。

　以上のように，Arnheim, R. の理論は，子どもがなぜその時期に独特な絵を描くのかということに対して視覚心理学の知見から説得力がある説明をしている。ただし，実際の子どもに対して検証研究を行なったことはどこにも示されていないので，今後の研究が期待される。また図式的表現期以前の，感覚運動的な描画については Arnheim, R. の理論からは説明できない。

(3) 触覚的な認識からくる描き方

　多視点画やレントゲン画は，いろいろな方向，いろいろな場面が同一画面に表現されるものであるが，これはそれぞれ異なる方向からの観点の総合統一であるという見方もできる。つまり，ある対象に近づいてみた場合，全体は把握できないが，対象の周りを移動しながら部分部分を把握し，後で頭の中で部分をつなぎ合わせて全体像を作り出すことはできる。このような観点から，鬼丸吉弘は，「レントゲン画」や「多視点画」を説明している。鬼丸氏はここで「近視」「遠視」の概念を使い，次のように述べている。

カメラのように「遠視」の場合は全体を一眼の下に見渡すので視点は一つにしぼられるが，近視の場合はいくつからの視点か見られた観面の統合なので多視点となる。視点が一つの場合は制止していることを意味するが，多視点の場合は，移動，運動をともなう見方であるといえる。遠視は全体を捉えるので全体視であるが，近視は部分，部分の合成なので部分視である。近視は，ちょうど盲人が手で触れてものの諸部分を知覚しその上でそれらの全体像を脳裏に思い描く仕方に似ているので，触覚的な視と言える。近視＝触覚的な視は，全体の統一像を得るために，少なからぬ精神の想像力を必要とする。

以上のように鬼丸は，子どもの世界の認識の仕方を「近視」「遠視」という概念を使用し，比較しながら説明した。そして，子どもの見方は，カメラの視覚＝遠視とは異なるということを述べている[24]。つまり，子どもが絵を描くときは，近視＝触覚的に認識したことを，「精神の想像力」を使いながら紙面上に表現するということになる。こうした説明は，子どもの活動や発達を考えたとき，理にかなっているように思える。ただし，レントゲン画のような構図を描く一般的な5歳児の視力はだいたい1.0といわれるが，この時期は例えば，建物や風景の全体像を見る体験もしていると思われる。したがってこの時期の子どもは「遠視」的な認識も持っている。ここでは，鬼丸も肯定しているように，Arnheim, R.が述べた「奥行きの未分化」説が適用できる。

つまりまとめると，世界を認識する方法として子どもは近視＝触覚的な見方と遠視＝視覚的な見方を行なうが，絵を描くとき，近視＝触覚的な見方を描出するときは，想像力を駆使して絵を描く。また遠視＝視覚的な見方を描出するときは，画面の平面性に制約されており，奥行き表現が未分化のためにあのような特徴的な表現になると言うことがいえる。

（4）先行研究の成果と課題

子ども時期の特殊な描き方である「多視点画」「レントゲン画」について，これまでの先行研究を見てきた。知的リアリズム反応からこの表現が生まれ

るという説では主に実験的な場面で検証が行なわれ，描画を行なう子どもの状況や，描画の文脈が変われば結果は異なるということが明らかになった。また視覚機能の特性から説明した Arnheim, R. や，身体感覚（触覚）との関連を示した鬼丸吉弘の説明は，子どもの活動や発達を考えると納得がいくことも多く，本研究の描画過程で子どもは何を体験しているのかを考察する上で参考になると思われる。

　以上見てきたことは，条件が設定された実験的な研究であったり，理論上の仮説であったりするので，子ども自身の心情に沿った主体的な描画からの考察ではないといえる。子どもが絵を描くときは，まず自分で描けるものや，描きたいものから先に描く。次にはそこから連想するものや語りたいことを描くであろう。そうしたときには，知的リアリズム反応というよりは，描画の手順による描き方に大きく影響を受けることも多いと思われる。また触覚的な認識があるにせよ，第5章の描画過程の分析で見たように，描く順によって，描かれる内容が影響されると思われる。こうした視点に立ち，次の節では，実際の子どもの描画過程からどのように「レントゲン画」「多視点画」が描かれているのかを調査し，物語性と画面構成の関連を見ていく。

第4節　物語的文脈が画面構成過程に及ぼす影響に関する調査

（1）調査1　描画プロセス分析シートからの考察

　「レントゲン画」「多視点画」といわれる独特の構図は，その描かれていく過程をリアルタイムで観察すると，それは子どもの認識の仕方というよりも，描く手順（物語が発現する順序）に要因があるのではないかと思われる。そうしたことは事例6（シート6）と事例7（シート7）の描画過程をみるとよく分かる。ここでは特に事例6から見ていく。

　事例6（シート6）でF男は，まず登場人物らしきものをスタンプを使って描き，その右横に次々に家の部屋を重ねて描いた。その部屋の大きさは登

184　第Ⅱ部　画面構成過程の臨床的研究

図5　4歳児／分析シート6の作品

場人物が入るサイズなので計画的に描いたと思われる。始まりから4分後には、その部屋に「ここはご飯を食べるところ」と言いテーブルを描き、「この空いているところは寝る場所」といった後にベットを描いた（シート6の④）。その後寝ている人や机に向かう人を描いた。先に部屋や家具のような描きやすい枠（単純な構図）を描き、そこに人物をはめ込んでいくという描き方がみられた。はじめに枠を設定することによって、その中に描くもののサイズの目処が立つので、描きやすいのではないだろうか。F男は、描画の前半では、まず画用紙全体の大きさを意識し、その中に部屋や机などの枠を設定し、最後に細かな部分を描くという、部分と全体を意識した描き方をしていることが分かる。ただし、描く内容は最初から考えていたわけではなく、描きながらイメージを広げ、文脈に応じて描いているところが後半から多くなる。

　そうしたことがよく分かるのは、描画途中で、思い通りに描けず偶然にできてしまった線や、画面のバランスを作ろうとして描いた線によって意味が次々に変更されていった部分である。シート6の⑩でF男は、線をひいた後になって「すごいことになった」「ここがお部屋になった」と発言した。これは、階段のギザギザを描こうとして歪んだ線になったため、それを修正するためにさらに線をひいたところ、偶然の囲いの空間ができてしまったためである。それまでの物語文脈では家の外側であった部分が、偶然の線により、部屋の内部になってしまった（シート⑩～⑮）。その後は全体的に、描画内容は部屋の内部として語りが進んでいく（図5）。

　以上の例からは、語りを進めていくという文脈（物語的文脈）の中で、描こうとするものを次々に視覚化していくのだが、偶然描いた線を修正しようとしたりバランスをとろうとしたりすることにより（視覚的文脈）、それら

が別の意味内容に変更された経緯がよく分かる。最終的にはさらに意味が進展し，最初は家の外部であった部分をすべて囲い，「これ電車のお家だよ」といって，画面下に車輪スタンプをおした。飛んでいた鳥の周りも線で囲い「鳥かご」に意味変更された。

　こうした意味内容の変更は，叙述と画面の視覚的処理に従って必然的に描出されたものである。結果のみを見るとこの絵は「レントゲン画」の構図といわれるが，はたして，第3節で見たような認識がはたらいていたのだろうか。知的リアリズム説でこの描画を説明すると，F男は「家の壁があるにも関わらず，家の内部の知っていることを描いた」ことになる。しかしF男は最初からすべて描くものを計画していなかったし，途中の偶然の線によって意味変更されることなどは決して予測していなかっただろう。叙述的描画は視点が語りに沿って動くので，当然多視点になっており，例えば'家'の内や外からみた図が時間軸に沿って流れるように描かれるのである。

　ただ，こうした構図を写実性にこだわらずに平気で描くのは，幼児期の心性であり，Arnheim, R.のいうように「視覚に備わる本来の簡潔化作用」と「3次元空間の表現に対する分化の度合いが少ない」ということと関係があると思われる。また鬼丸がいうように，本来子どもは'近視＝触覚的な見方'に慣れているので，文脈に応じたその場，その時の状況をそのまま描いてしまうことに何の躊躇いもないといえるだろう。

　以上，描画過程からは，「レントゲン画」「多視点画」といわれる構図の絵も，描く手順によって，必然的に描かれる可能性があることが分かった。

（2）調査2　物語の手順の変更が画面構成に及ぼす影響についての実験的検証

①調査の目的

　図式的表現期の一つの特徴的な描き方である「レントゲン画」「多視点画」は，物語の内容に沿った，描く手順によって影響されるのかどうか検証する。

②方法

　20名の4～5歳児（いずれも図式的表現を行なう幼児）をAB二つのグループに分け保育者が指示する同じ内容を子どもたちに描いてもらう。ただし，内容は同じであっても，ABそれぞれの話を語る順序を一部変えて示すことにする。ABの違いは以下のとおりである。下線は順序を変えた箇所である。

　　Aグループの話
　　　2階建てのお家があります。ナナちゃんはお家のこたつでみかんを食べました。テレビもついています。猫も来ました。お父さんが帰ってきました。……（ここまでの内容を一気に話をした。そして，しばらく時間をおいてここまでの内容が描けたことを確認して次の話をした。）……<u>1階と2階に窓があります。泥棒が来ないように鍵をしっかりしめています。</u>

　　Bグループの話
　　　2階建てのお家があります。<u>1階と2階に窓があります。泥棒が来ないように鍵をしっかりしめています。</u>……（ここまでの内容を一気に話をした。そして，しばらく時間をおいてここまでの内容が描けたことを確認して次の話をした。）……ナナちゃんはお家のこたつでみかんを食べました。テレビもついています。猫も来ました。お父さんが帰ってきました。

③結果と考察

　結果の代表作品を表1に示した。Aグループは先に家の中についての説明を先にして描いてもらった。話の順序から，意識が内側に向くので家を透視したレントゲン図式が現われた。図6は最初に部屋を一つ描き，中心に人物（ナナちゃん）を描いた。そしてこたつ，みかん，テレビを話のとおり描いた。部屋のスペースが描出内容で埋まった後に，「1階と2階に窓があります」という言葉を聞いて戸惑ったようであり，考えたあげく窓は天井に貼付いたような形で描き込んだ。また2階はなかったが，窓を一つ付け足す形で描いた。図7の作品は最初に2階建てのような部屋を描き，その2階部分に人物（ナナちゃん），こたつ，みかんを描いた。お父さんと猫は家の外に描いた。

ここでもレントゲン画の構図で描いているが，1階部分は何も描かれていなかったので，ここに窓を描いた。図8の作品では，窓を描く指示にあわせて，本来は家の外である部分（部屋の上部）に窓図式を描き，あとで，部屋と窓を囲む線で壁を作り全体を家のようにした。

　Bグループは先に家の外見についての説明をしたので，後半の話の内容である家の内側が描けなくなった。そこでそれぞれの解決方法がユニークな表現となった。まず図9では画面の中心に2階建ての家図式を描き，話の内容に沿って，「窓」や「鍵」を丁寧に描いた。それは完全な家の外見の図式となった。そして，次の指示は家の内側の内容であったが，この幼児は家の横に部屋を二つ追加して描き，その中に人物やこたつなどを描いた。これは一般に‘多視点画’と言われる構図である。またその後の話で「お父さんが帰ってきた」というところを画面上部に道を描き車で帰っている様子を描いた。これは遠くのものを上に積上げる描き方なので‘積上げ遠近構図’といわれ

表1　A，Bグループの代表作品

Aグループ	図6	図7	図8
Bグループ	図9	図10	図11

る表現である。図10と図11は最初に描いた家が小さすぎて，後半の室内の様子が描けなくなった。

　以上のことから，家の中を描くには大きさの目処（計画性）が必要であることが分かる。今回の調査では保育者が話をする順序のとおりに描いたので，子どもの方で計画を立てることはできなかった。そして描画順序によって画面の空隙が限定されるので，そのあとの内容を描くには工夫が必要であった。工夫によって，'多視点構図''レントゲン構図''積上げ遠近法'といった，図式的表現期に特徴的な構図が描かれた。

第5節　まとめ

　図式的表現期の子どもは，画面認識の発達により，一つ画面に描く内容をどのように配置するのか意識しはじめる一方で，叙述的に自由な表現の広がりを楽しむことが多くなる。その時，子どもは，どのように画面を捉えて処理していくのかが問題となってくる。本章では，物語的描画において，この子どもの画面の捉え方と，処理の仕方について検討した。

　まず，子どもが叙述的に描画をする際，画面をどのように捉えるのかを検討した。その結果，子どもが絵を描く最初の画面意識として，画用紙を「基底面」として捉えたとき，描かれる要素は平面の中のどこにでも移動が可能になることから物語性のある表現の可能性が増大することが分った。

　次に，図式的表現期の特徴的な描き方について，物語性と画面構成（視覚的処理）の面から考察した。先行研究を確認した上で，描画過程における物語性と画面構成の関係を明らかにすべく，二つの検証を行なった。一つは描画プロセス分析シートで，実際の子どもの叙述的表現の描画過程を見たところ，語りの経過に沿って，画面が構成されていくことが確認できた。二つ目の検証は，上記のことを確かめるべく，実験的保育を行なった。図式的表現期の子どもを二つのグループに分けて，同じ内容だが順序を変えた話をし，

それを描出してもらった。その結果，語りの流れにそった描画手順によりこの時期の特徴的構図が現れることが分った。以上のことから，子どものレントゲン画や多視点画の構図は，先行研究で説明されてこなかった観点，つまり物語的文脈と視覚的文脈の関連から説明することができることが分った。この過程で体験する，物語性と画面構成（視覚的処理）の関連のなかにこそ，描画の面白さ＝リアリティが隠されているのではないかと思われる。

第7章 引用文献

[1] Lowenfeld, V., 1947, *Creative and mental growth*. New York, Macmillan（V. ローエンフェルド『美術による人間形成』竹内清・堀ノ内敏・武井勝雄訳, 黎明書房, 1995, p.161）
[2] 清原知二「基底面の存在について」『美術教育学』第16号, 美術科学会, 1995, pp.129-139
[3] 清原知二, 前掲書, p.130
[4] 清原知二, 前掲書, p.134
[5] Luquet, G.H., 1927, *Le dessin enfantin*. Paris: Alcan（G.H. リュケ『子どもの絵―児童画研究の源流』須賀哲夫監訳, 金子書房, 1979, pp.103-104）
[6] 田口雅徳「幼児の描画行動に関する発達的研究：描画対象に関する知識は視覚的リアリズムを防げるか？」『発達心理学研究』第12巻, 第3号, 2001, pp.206-215
[7] Piaget, J., Inhelder, B.1966, *La psychologie de l' enfant*. Paris: P.U.F.（J. ピアジェ・B. イネルディ『新しい児童心理学』波多野完治・須賀哲夫・周郷博訳, 白水社, 1969）
[8] Freeman, N.H., 1980, *Strategies of representation in young children: analysis of spatial skills and drawing processes*. Academic Press, London, pp.345-346
[9] 田口雅徳, 前掲書, p.206
[10] Thomas, G.V., Silk, A.M.J., 1990, *An introduction to the psychology of children's drawings*. Harvester Wheatsheaf（G.V. トーマス・A.M.J. シルク『子どもの描画心理学』中川作一監訳, 法政大学出版局, 1996）
[11] Thomas, G.V., Silk, A.M.J., 前掲書, p.87
[12] 田中義和「幼児の描画における知的レアリズムに関する実験的検討」『日本教育心理学会第20会総会発表論文集』1978, pp.342-343

13) Cox, M.V. 1985, *One thing behind another: young children's use of array-specific or view-specific representation.* In Freeman, N.H., Cox, M.V. (Eds.), *visual order: the nature and development of pictorial representation*, Cambridge University Press, pp. 188-201
14) Lewis, C., Rusell, C., Berridge, D., 1993, *When is a mug not a mug? effect of content, naming, and instruction on children's drawing.* Journal of Experimental Child Psychology, 56, pp. 291-302 ＊筆者は原著未読．本稿の引用は，田口雅徳，前掲書（2001）を参照している。
15) Barrett, M.D., Bridson, A., 1993, *The effect of instructions upon children's drawings.* British Journal of Developmental Psychology, 1, pp. 175-178
16) Light, P.H., Simmons, B., 1983, *The effect of communication task upon the representation of depth relationships in young children's drawings.* Journal of Experimental Child Psychology, 35, pp. 81-92
17) 松村暢隆「幼児の描画における隠れと立体面の表現」『教育心理学研究』37, 1989, pp. 28-36
18) 田口雅徳，前掲書，2001, pp. 206-215
19) Arnheim, R., 1956, *Art and visual perception:a psychology of the creative eye.* London, Faber & Faber（アルンハイム『美術と視覚　上』波多野完治・関計夫訳，美術出版社，1963, p. 207）
20) Eisner, E.W., 1972, *Educating artistic vision.* Macmillan Pub Co（E.W. アイスナー『美術教育と子どもの知的発達』中瀬律久他訳，黎明書房，1986, p. 89）
21) Arnheim, R., 前掲書，p. 210
22) 鬼丸吉弘『児童画のロゴス－身体性と視覚－』勁草書房，1981, p. 82
23) 鬼丸吉弘，前掲書，pp. 82-83
24) 鬼丸吉弘，前掲書，p. 89

第8章　描画過程にみられる「動きのイメージ」

第1節　本章の概要

　子どもたちの'描きながらイメージを広げていく'描画過程を観察していると，頭の中に記憶されている図像概念を計画的に紙に描くのみではなく，常に時間とともに動くイメージを画面上に描いている様子がうかがえる。まるで映画が展開されているようであるが，映画と異なるところは，あらかじめストーリーが決定されているのではなく，そのイメージは，画面上の視覚的情報（自分が既に描いた線や形，空隙）から触発されながら作られることもある。時にはごっこ遊びのようにセリフや擬音（効果音）を声に出しながら表現することもある。また時には身振りや走り出すなど全身的な表現を伴う描画もみられる。こうした描画の結果作品（痕跡）のみを見ると，あるものは線や面が重ねられて，何を描いたのか分らなくなっている。またあるものは重なりこそないが，到底，一貫したテーマがあるとは思えない作品になっている。おそらく教育・保育現場では，あまり重要視されない作品の部類になると予測される。逆に，現場の研究会などでは，「どのように指導したら，せっかく描いた形を線で消したり，ぐちゃぐちゃの絵を描かなくなるのでしょう」「どこで描くことをストップさせたらよいのでしょう」という議論が耐えない。しかしこうしたイメージの広がりの描画を描いた子どもは確実に過程を集中して楽しんでいたし，描き終わった後は充実した目つきをしていると感じるのである。つまりこうした，結果のみをみると統一した意味的内容がみられない描画でも，その制作過程においては，描いた本人にとってリアルな物語，あるいは感覚的な充実感があると思われる。子どもたちが叙述

的な絵を描くときには，頭の中には止まったイメージがあるのではなく，時間とともに動いているイメージが流れていると捉えるほうが自然ではないだろうか。これをどう平面画面におさめるかの問題である。

本章では，子どもが'描きながらイメージを広げる'叙述的表現の画面構成過程において，どのように「動きのイメージ」（時間の経過）の表現が現われているのかを明らかにしていくことを目的とする。

第2節　本章の研究の実際と対象

本研究は，子どもが描画で叙述的表現をする時に，時間とともに動くイメージをどのように描き出しているのかを画面構成過程を詳細に見るなかで明らかにしようとするものである。動くイメージというのは，登場する人物などの図式の動きのみならず，場面の動きや展開（時間の変化）をも対象とする。具体的な年齢は，図式的表現を行なう4歳〜6歳を対象とした。

本研究の対象とする描画は，子どもが主体の自由な描画であるが，不特定の子どもを自由時間に観察するというのは方法として困難である。したがって，自由に叙述的表現が展開される題材・環境で設定保育を行い，その中で数人の子どもに焦点を当て記録を撮った。中でも今回事例としてあげるのは，構図がはっきりしていて，話をしながら描くことを楽しんでいた二人のデータ，事例4（シート4／D男）と事例5（シート5／E子）を中心に分析する。

第3節　描画プロセス分析シートからの考察

分析シートから動きのイメージがどのように視覚的文脈と物語的文脈と関連しながら現れてくるのだろうか。本論では次の三つの観点から考察していく。①動きのイメージと図式はどのように関連しているのか。②図式以外の動きのイメージの表現として身振り的な表現の関連はどうなのか。③画面構

第 8 章 描画過程にみられる「動きのイメージ」　193

成と動きのイメージの関連はどのように表現されるのか。

（1）動きのイメージと図式の変化

　動きの表し方としてまず分りやすいのは，人物などの図式が動いているように見えるように形態の一部分を変形，追加して工夫することである。本章で分析した2人の描画にもそうした表現が見られた。まず事例4（シート4／D男）においてシート4⑦では，一度描いた図式を，文脈の流れで上から描き直すという修正がなされている（図2）。つまり，はじめサンタは図1のように直立的な，おそらくいつも描くような記憶にある図式で描かれたが，その後，トナカイとそりを描いた後に，そりに座っているように見せるため，足を前に曲げる必要性が出たと思われる。計画的にそりに足を曲げて乗るサンタを描いたのではなく，語りが進む中でその必要性が出てきたことが予測される。また同じような手足の位置の変更による動きの表現としては，事例5（シート5）のE子が⑧で滑り台で遊んでいる人物を描いているが，手を上に挙げて，あたかも本当に滑っているときのような仕草の表現があげられる（図3）。

　人物図式の'座っている表現'を描くのは，幼い子どもにとっては難しいとされている。Eng, H. の姪マーガレットはD男と同じく，生後6年目にはじめて，そりの中に座っている人物表現ができるようになったといい，Luquet, G.H. の娘シモーヌは9歳になっても馬車やボートの中の人を両手を伸ばした形で描いたという[1]。Kershensteiner, G. は座っている人の絵1401

図1　D男（シート4⑥）　　図2　D男（シート4⑦）　　図3　E子（シート5⑧）

枚について調べその中の815枚は座っている姿勢についての表現ではなかったことを見いだした[2]。このように，人物が座る様子を表現するだけでも，単純に見えて，従来の図式をどのように変更させるかが子どもにとって課題となっていることが確認できる。しかし今回，事例4（シート4／D男）のように，時間とともに物語が進行する描画においては，語りに即した即興性を優先させるため，'とりあえずの線' が描かれたと予測される。

ところで人物図式の動きの表現はこれまでにも多くの研究で報告されてきた。例えば Rouma, G. (1913) は動作を描き出す能力に関する調査を行い以下の4つの段階を区別した[3]。

第1段階：子どもはすべての人を動作なしに描く。すべての人が全く同様に描かれるが，しかし時々子どもは，その人々がある種の動作をしているのだと空想して，そのことを言葉や身振りで説明する。

第2段階：子どもは，連結を用いて部分的な動作を表現する。例えば，線によって表現された人間の腕を伸ばして他の人や事物，動作の目的物に届かせる。そこでは腕が不釣り合いに長くなる。しばしば，描画完了後に連結線が追加される。

第3段階：子どもは単独の人や動物の独立した部分動作を描く。第2段階とは異なり，子どもは自分の実際に見た動作を描こうと試みる。

第4段階：子どもは姿勢，運動，動作の一部でなく，その全体を完全に表現しようと努力する。

以上の Rouma, G. の段階説に沿って，Eng, H. は幼い姪マーガレットの縦断的観察から動作の表現がどのように現われたかを実証的に示している[4]。

また，Goodnow, J. は5歳～10歳の子どもたちにゆっくり歩く人と走る人を描くよう依頼する実験を行なった[5]。その結果，動きの違いを表わすために子どもは足の間隔や角度を大きくするなどの修正をしたり，胴の直立性に修正をほどこしたりと，年齢に応じて少しずつ動きの表現法を細かく使いこ

なすようになることを実証的に示した。また腕の位置の変化，髪や衣服をなびかせたり，動きを示す線を加える例も報告している。D男（シート4⑦）とE子（シート5⑧）の事例は，この報告にあるように図式の手足の配置修正により動きを現した例として捉えられる。

他に動きの表し方と図式との関連でいうと，横向きの絵が挙げられる。事例4のD男がシート4④で描いたトナカイや②と⑥で描いたサンタは画面右の方向へ向かっていることが分る。鬼丸吉弘によると，子どもは初期の頃は，人物表現が未分化なために，横向きの図式を表現する手段を身につけておらず，やがて横向きの表現の発見に到達するのだがそれまでには正面観と側面観の混同である「観面混合」の表現がでてくるという[6]。よく見ると，D男の②や⑥に描かれたサンタは，身体部分は正面向きの形であるが，目口の位置が右側に中心がずれていることによって横に向いているようにも見える。これは鬼丸のいう「観面混合」の描き方に近く，確かに右方向に動く力が感じられる表現となっている。一方，トナカイは人物ではないが，顔の描き方として目が一つで完全に横向きのトナカイを描いている。藤本浩一（2000）の「走っている私」の想像画の描画課題による実験研究によると，顔は6歳から7歳の間に正面から横顔表現が多くなる移行が見られることが明らかになった[7]。D男は6歳であるのでちょうど，横向きの構図を獲得しつつある時期であることが分る。このような横向きの図式や横方向を意識した「観面混合」図式を扱えるようになることは，叙述的な語りの根底に流れる時間の経過や動きのイメージを文脈に合わせて視覚化できるということであるので，子どもは画面の中でリアルな楽しさを感じていると思われる。

以上，図式の追加や変形による動きの表現がどのように現われるのか，画面構成過程の中で確認することができた。叙述的表現において，いつも描いていた概念的な図式は文脈に沿ったかたちで，柔軟に変化する可能性があるということが分った。

（2）図式からの動きイメージの連想

　前節では，動きイメージの文脈が，普段描いている形態概念を変形させる可能性を述べたが，逆に，描いた図式が動きイメージを誘発する例も見られた。事例5のE子のシート5③〜⑤を見ると，滑り台を緊張感のある線で丁寧に描いていることが分る。描きたい意図に沿って線のメドを立てながら模索的にやっと図式を完成させたと思える。そしてE子はその滑り台の図が完成したとたん，指でその滑り台を滑るような動きを繰り返し，さらに，それをきっかけに物語が展開されたのだ。最初はおそらく滑り台の図式を描くことが目的であったが，完成された図式が本人にとって，体験や感情を思い起こすに十分な形態になっていたと思われる。Luquet, G.H. はこのような，描いた対象が別の対象や事象の観念を呼び起こすことを「観念の連合」といい，様々な例を報告している[8]。E子の例では，この観念の連合によって滑り台を滑る動きイメージが呼び起こされ，それがきっかけとなりそこから語りが始まった瞬間であると思える。ここでは，図式は単なる記号ではなく，そこから感情や体験が思い起こされ，動きのイメージを誘発することもあることが分かる。

（3）身振りによる動きの表現

　では，事例5（シート5）のE子の滑り台の図式から誘発された動きのイメージについて詳しくみていこう。先に述べたようにE子は，シート5⑤で滑り台の図を描いたとたん，画面の中に入り込んだかのように，指でその滑り台を滑るような動き（身振り）を繰り返し，さらに⑥では，その手にパスを持ち，実際に斜面を滑るかのような勢いで，2本の線を描いた。ちょうど最初に描いた斜面から線の始点があるので，身振りで遊ぶうちに，斜面が短いと思い斜面の図式を延長して描いたようにも見える。このとき追加された線の描き方としては，⑤で描いた図式的な斜面の描き方と明らかに違い，身振りと同じ勢いで描かれた。つまり，身振りの延長が視覚的な線になってい

ると考えられる。しかし，追加された二本の線の視点が，⑤で描いた斜面の端からきっちりと描かれているところを見ると，完全な身振りの反映ではなく，図式的な（概念化された記号のような）描き方でもあるといえるのではなかろうか。身振りと図式の関連については改めて次章で詳しく検証していく。ここでは，描画途中で動きのイメージが身振りとなって現れるということが明らかになったことを述べておく。

（4）画面構成と動きイメージ〜異なる時間を一つの画面に

　描画プロセス分析シートを見ると，決して結果作品だけでは見えない，様々な物語が豊かに展開されていることが分かる。物語には時間の流れとそれに伴う登場人物や背景の動きが表現される。まず，場面変化の表し方の特徴の一つとして，登場人物が一枚の画面に時間の流れにそって何度も出てくる事例を見てみよう。事例4（シート4）のD男は⑤で矢印を描き，それまで描いていたサンタが「空に飛ぶよ」と予告宣言し，⑥⑦で同じようなサンタとトナカイ郡を斜め右上に描いた（図1，図2）。2回目に描いたサンタとトナカイ群は色や手足の細かい形態は異なるものの，その内容は全く同じであるので，同一の物である。したがって，この段階で，先に描いたサンタとトナカイ群は過去のものになり，⑦から⑪に描いたことは2番目のサンタの物語の展開となっている。しかし画面構成の最終段階（⑫）になって，最初に描いた過去のサンタとトナカイ郡は，2番目のものたちの「友達」に意味変更されて，「サンタが友達のサンタと一緒にプレゼントを届けている」という内容にまとめられた。

　同じ登場人物が複数出てくる表現について，事例5（シート5）のE子の描画中では，同一人物が3人も登場している。滑り台を描き，滑るような身振りをし，滑る線らしきものを描いたというところまで前節で見たが，その後すぐに⑦で階段を上がろうとする人物を描き，その後すぐに斜面に手を挙げて滑る人物を描いた。そして最初の段階で描いていた4つの登場物のいち

ばん，滑り台の斜面下に近い人物を自分として意味付け，「滑り台を待っている自分」→「滑り台に上がろうとする自分」→「滑っている自分」という時間の流れ，あるいは自分の動きイメージを一つの画面に描いた（図3）。ただし，最終的には「みんなお団子ゲームをして並んでいるよ。勝った人が滑り台で滑るよ。」と物語性がまとめられた。D男とE子の例のどちらとも，描画途中では，時間に沿った個々の物語があるのだが，画面がまとめられる最終段階において，時系列的に過去になった人物が，同時間の物語に沿った意味内容に変更されているのが興味深い。

時間的に別々の行為が一つの空間に再現せられた絵について Lowenfeld, V. は「行為の重要さのために時間意識は低下して，一つの描画の中に異なった時間面を再現していることに気がつかないほどになっている。[9]」といい，その起源は「情緒と再現の結びつき，および描画活動自体の中に求められる」という。つまり，描画行為において物語性が強くはたらく場合，一つの固定した視点（時間）から描くことをせず，物語時間の流れに沿って（情緒の流れに沿って）登場人物もおかまいなく複数描かれるということである。しかし事例4，5の場合，最終的に全体の意味をまとめる段階になって，意味は一つの固定された時間から語られたということになる。

（5）画面構成と動きイメージ～異なる場面を一つの画面に

物語時間の経過は，人物の複数登場のみならず，背景を描き加えていくことによって表現されていることもあった。事例4（シート4）のD男の例（図4）でいうと，⑨と⑩では，空を飛んだサンタは，虹の見える場所から，雪が降り黒い雲で覆われた森の中の家に向かうという語りが見られた。つまりここでは，天気や背景を描き分けることで，時間と空間の移動イメージを表現していると捉えられる。さらに2番目に描いた空を飛んでいたサンタは，周囲に木が数本描かれ，そりの下にも雪の積もった様子が描かれ，地上の森を走っているような表現になっていった。背景の描き込みによる変化により，

動きのイメージが表わされている。ここでも興味深いのは，画面構成の最終段階になって，画面の最上部に共通した水色の帯状の空を描き，画面を統一しようとしたことである。これにより，2人のサンタが地上で活動しているという設定に意味変更されたことが，画面構成上からも裏付けられたといえる。

図4　D男（シート4⑩）

　Lowenfeld, V. は，一つの画面に複数場面を分割して描くのは，子どもの意向伝達の必要性から生ずる心理であると説明している。前項では物語的文脈の中で，情緒の流れに沿って，時間意識に関係なく複数登場人物を描く子どもの心理を取り上げた。しかしここで見た，異なる場面を時系列に描く描き方は，子どもが物語の状況を伝えたいがために説明的な性質をもつということである。結果的には，時系列になった場面展開は物語の時間経過が表現されているように読みとれる。物語的文脈が強い場合，このような一つの視点（物理的な視点）から描くことをせず，物語の流れによって，複数の場面が，同一画面上に，時系列に描かれるということが分かった。しかし描画の最終段階では，全体をまとめるために一つの視点から，画面が意味付けられる可能性が確認された。

（6）時間の経過を表す絵画について

　一つの描画の中に異なった時間場面を同時に現すという特徴的な表現は，日本の「絵巻物」にも多くみられる。これは西欧の平面遠近法とは異なったもう一つの表現方法として注目されるものである。日本の絵巻物では，同じ人物が別の場所に移動して何度も描かれ，それで時間経過を表現するという「異時同図法」が用いられることが多いが，これは前節で見てきた子どもの描画の描き方と同じである。例えば，信貴山縁起絵巻もそうだが，「異時同

図法」のもっとも典型的なものが17世紀の「彦火々出見尊絵巻」と言われている[10]。また20世紀初頭に出現した未来派とよばれる芸術家（例えばイタリアのボッチョーニやバッラ）やキュビズムの芸術家（例えばピカソ）は時間を絵画で表現することに挑戦したことで知られている[11]。

さて，Luquet, G.H.は子どもたちが描くこのような表現方法を「知的リアリズム」に分類しながら，幾つかの出来事を連続的に描く表現方法について詳細に分類した。Luquet, G.H.は，「いわば物語がことばでなすところを，線で行うものと見なされる」こうした描画を「絵物語」と名付けた[12]。そして絵物語を描くためには「入れ替わり立ち替わり現われる要素と動くことなく居座り続ける要素の混じり合った光景，言い換えれば一刻一刻の継続的な光景を，同時にあらゆるものが動くことなく存在し続ける絵というものに移しかえる」という問題を解決する必要があるという。そこでLuquet, G.H.は三つの解決法があると指摘した[注1]。

まず，第1の解決法は「刻々移り変わる行為なり場面なりの中から最も重要で，話の全体を象徴するような場面を一つだけ抜き出して描き出す」というもので，「象徴型（type symbolique）」と呼んだ。つまり，子どもは描こうとする内容を物語調に話すのだが，絵に描くのはその内容の中の一場面を描くということである。物語の挿絵的に描く方法で，移り変わる場面をことばとともに象徴的な1コマだけ表現するというタイプのものである。これは例えば，教育・保育現場において課題画として描かれる，「体験画」や「絵本や素話からイメージして描く」描画などによく現れるタイプの描き方である。動きのイメージや時間経過のイメージはあるのだが，ある一点のみを取り上げて一つの画面に描くものである。

第2の解決法は，「物語の個々の場面に対応した，幾つかの部分的な絵を結合」させるという方法でLuquet, G.H.は「エピナール型」と呼んでいる[注2]。これは，コマ漫画の手法と同類で，1つの画面の中に，物語の数場面を分けて入れ込むものである。こうした手法は，幼児期においては自然に

見られないが，児童期以降になって，漫画的な描写を好む時期から多く見られると思われる。

　以上の二つの解決法は大人の描画表現にも一般的に見られる方法であるが，次の第3の解決法は子ども独自のものであるという。つまり，「客観的に別の時点で生じる諸要素を一括し，時間の経過とともに次々と変転する諸要素を同時に一つの絵にまとめてしまう」方法である。これを Luquet, G.H. は「継時混淆型（type successif）」と呼び，さらにこれは「反復型」と「無反復型」に分けられるという。反復型は「一定時特に目立つ動きを示さない構成要素は一回しか描かれないが，変転する構成要素は何度も描かれる」というタイプで，無反復型は「どの構成要素も一度しか描かれない」という特徴を持つ。今回調査をしている，イメージを広げながら描く叙述的表現においては，この三つ目の継時混淆型タイプの描き方によって，動きの表現あるいは，時間の経過が表されたといえる。Luquet, G.H. は，反復型と無反復型を分けて考えているが，事例4から見ると，二つのパターンが一つの作品に同時に現われることもあることが分かった。つまり，登場人物を反復する中で時間を表現すると同時に，背景の場面描写は無反復で，時系列にそれを並べて時間表現していることが確認された。叙述的な描画過程から考察すると，描かれる内容はすべて物語に沿って次々に描かれていくので，Luquet, G.H. のいう継時混淆型における「反復型」「無反復型」の区別をするのは難しいと思われる。

第4節　まとめと課題

　本章では，図式的表現期の子どもの叙述的描画表現の過程において，「動きのイメージ」がどのように現われているのかを明らかにすることを目的とした。方法としては「描画プロセス分析シート」を使用し，描画過程における視覚的文脈と物語的文脈との関連から考察した。結果としては以下のこと

が分かった。①叙述的表現において，いつも描いていた概念的な図式は動きのイメージに沿った形で柔軟に変化する可能性がある。②図式は単なる記号ではなく，そこから感情や体験が想起され動きのイメージを誘発することがある。③図式期においても，叙述的表現過程では動きイメージと連動する身振りのような非図式的表現があらわれる。④物語的文脈が強い場合，一つの固定的な視点から描かれず，物語の流れに沿った時間の中で，複数同一人物が登場したり，複数の場面が描かれたりする。また画面構成の最終段階には，描画過程での時間の経過はリセットされることが多く，一つの固定的な視点から新たな物語に更新される可能性がある。以上である。

　本論では，動きのイメージに関して図式的表現期の描画過程を詳細に記録し，先行研究を参考にしながら考察したが，今回取り上げた2人の子どもの描画過程の中だけでも新たな発見があったと思われる。次章では，今回課題として持ち越された，描画途中に現れる身振り的表現の詳細な考察をしていく。

(注1) Luquet, G.H., 1927, Le dessin enfantin. Paris: Alcan で例示された絵物語の4パターンの挿絵

図5　絵物語，象徴型

図6　絵物語，エピナール型

図7　絵物語，継時混淆反復型

図8　絵物語，継時混淆無反復型

(注2)エピナールはフランス北東部ロレーヌ地方ヴォージュ県の県庁所在地。1810年頃，そのエピナールで版元ペルラン（PELLERIN）が刷り始めた民衆版画をエピナール版画という。そのテーマは，字の読めない人々や農民，子どもにも分かるような道徳的教えや，宗教，歴史物語，狸謡など，又，パンタン人形（切り抜きあやつり人形）や，きせかえ人形など多種多様である。日本の江戸から明治時代に流布した"おもちゃ絵"と同じようなものといえる。当初，彩色木版画の手法として用い，絵の描ける職人が自刻自版したもので，素朴な味わいがある。石版印刷の普及に伴い石版画にかわり，版数も多くなり，ヨーロッパ中に広がった。

第8章 引用文献

[1] Eng, H., 1931, *Psychology of children's drawings: from the first stroke to the coloured drawing*. Routledge（H. エング『子どもの描画心理学—はじめての線描き（ストローク）から，8歳児の色彩画まで—』深田尚彦訳，黎明書房，1999，p.169）

[2] Kershensteiner, G., *Die entwickelung der zeichnerischen begabung*. Munich, 1905

[3] Eng, H., 前掲書, p.168

[4] Eng, H., 前掲書, p.169

[5] Goodnow, J., 1977, *Children's drawing*. Harvard University Press（J. グッドナウ『子どもの絵の世界—なぜあのように描くのか—』須賀哲夫訳，サイエンス社，1979, pp.160-168）

[6] 鬼丸吉弘『児童画のロゴス—身体性と視覚—』勁草書房，1981, pp.47-64

[7] 藤本浩一『子どもの絵と対象の見え方の理解の発達』風間書房，2000, pp.5-19

[8] Luquet, G.H., 1927, *Le dessin enfantin*. Paris: Alcan（G.H. リュケ『子どもの絵—児童画研究の源流』須賀哲夫監訳，金子書房，1979, p.33）

[9] Lowenfeld, V., 1947, *Creative and mental growth*. New York, Macmillan（V. ローエンフェルド『美術による人間形成』竹内清・堀ノ内敏・武井勝雄訳，黎明書房，1995, p.22）

[10] 高畑勲『十二世紀のアニメーション—国宝絵巻物に見る映画的アニメ的なるもの』徳間書店，1999

[11] 佐藤公治『保育の中の発達の姿』萌文書林，2008, p.247

[12] Luquet, G.H., 前掲書, pp.220-236

第9章　身振りと描画表現の関連

第1節　本章の概要

　一般に私たちは，絵で表現すること，言葉で表現すること，身体で表現することを別々に捉えているが，幼児期における描画活動を観察していると，画面に線や形を描きながら表情豊かに話をしたり，感情的な身振りを伴ったりすることがある。筆者が保育実践を行なった時の事例を挙げると，ある幼児（5歳男児）は火山が噴火する様子を画用紙に表そうとして，山のような三角の形を描いた。そしてパス（描画材）を一旦置き，山の頂上から画面上方に向かって，手指を繰り返して動かす身振りをしながら，「ドカン，ゴーゴー」と大きな声を上げた。しばらくしてパスを持ち，先ほど指先で動かしたように今度は目に見える線で力強く火山が吹き上げるような激しい線を描いた。さらに画面が激しい線で埋まってきた時，その幼児は立ち上がり室内を「ゴー」といいながら走り回った。以上の例はかなり身体的動きが伴うものであるが，ここまでいかないにしても，子どもが描画途中にオノマトペ（擬態語や擬声語）を大声で表出したり，激しく身振りを伴うことは，幼児期の自由な描画活動の場で少なからず見られることである。そうした描画では，描くこと，声を発すること，身体を動かすことは明確に分けることはできず，一連の活動が一塊になった一つの表現であると捉えることができる。そしてそこに現れる線の意味，言葉の意味，身振りの意味は，一つひとつを分割して取り出すことはできない。言い換えると，ここで出来上がった作品結果（描画痕跡）のみを見た限りでは，そこに現れた視覚レベルの線や形からはその子どもの表現したことすべてが含まれていないということになる。保育現

場では，画面に表れた視覚的な描画痕跡のみをみて，その子どもの表現について評することがあるが，これは子どもの表現を丸ごととらえていない偏った見方になる可能性がある。

ところで，こうした描画途中の躍動的な言葉の表出や身振り表現は，発達年齢が高まるにつれて少なくなる傾向にある。児童期になると，描画はある程度見通しを持って描かれるようになり，線や形などの視覚的要素は概念的なものになっていく。また描かれたものや空隙は互いに関連付けられ，画面全体のまとまりが意識されるようになる。では，最初に述べたような躍動的な言葉の表出や身振り表現は，どのようにして描画表現として解決されていくのだろうか。またそもそも描画中に現れる身振り表現とは描画活動の中で一体どのように位置づけられるのだろうか。こうした関心から，本研究では特に描画途中で現れる身振りに注目し，それと概念的な描画表現（図式など）との関連を考察することを目的とする。

第2節　研究の方向

描画途中の身振り行為はどういう意味があるのかを考察する上でまず，第3節では先行研究のなかからそのヒントを探る。これまでの先行研究のなかで，本章の目的そのものをテーマとした研究は見受けられなかったが，縦断研究や日記観察法などにより描画過程を記述した研究者は，身振りと描画の関連を報告している。また，書き言葉の前史として身振りと描画に注目した研究者も存在する。これらの研究者の知見を整理した上で，第4節からは実際の子どもの身振り表現を伴う描画活動を分析する。

第3節　描画における身振り表現の先行研究

(1) 子どもの描画研究について

　子どもの描画研究は大きく二つのアプローチに分類される。一つは描かれた結果作品を対象にして，子どもの認識面や心理面との関連を考察する研究である。これまで多くの研究者がこの手法をとり，子どもの発達年齢と描画の関連を明らかにしてきた。しかし活動後に残った結果作品のみを見ると，理解できない線や形も多い。特に低年齢児の絵やイメージの展開を楽しんだ後の描画は意味のまとまりが見られないこともある。多くの場合，こうした内容の分りにくい画面上の視覚情報は研究対象から外されてきた傾向にある。教育現場においても「らくがき」として議論の舞台にさえのぼらないことが多いと思われる。

　一方，もう一つの描画研究のアプローチとしては描画過程に注目したものである。子どもは「どのように絵を描くのか」というプロセスを分析した研究である。こうしたプロセス研究は，人物や静物など，ある対象の「形態」がどのような手順で描かれるのかといった実験心理学的な性質のものと，自由な描画場面で，子どもたちは何を体験するのか，そこにどんな意味が立ち現れるのかを考察する美術教育学的な観点のものがある。身振りを伴う描画は後者の自由に繰り広げられる描画において多くみられる。また一見意味の分からないような「らくがき」的な線や形態は，こうした描画過程を観察することによってその意味が明らかになることもある。

　さて，これまでの子どもの描画研究において，語りや身振りとの関連をとりあげている研究者は少なからず見受けられるが，大きく分けて二つの観点があるように思われる。一つは描画途中で劇化（dramatization）がおこることに注目し報告したものである。例えば，Luque, G.H.[1]（1927），Gardner, H.[2]（1970），Vygotsky, L.S.[3]（1978），田中義和[4]（1997），栗山誠[5]（2013）な

どがあげられる。これらの研究は，特定の子どもを対象に，その研究者自身の観察からなる縦断研究による記録であるが，特に深くその意味を追究したものではない。もう一つの観点は，シンボル形成の考察として身振り行為を取り扱った研究である。例えば Vygotsky, L.S. (1978), Werner, H., & Kaplan, B.[6] (1963), 山形恭子[7] (2000), 茂呂雄二[8] (1988) などである。子どもの「言葉を書く」ことの発達史を考察する際に，シンボル使用に注目し，描画場面との関連を検討している。以下，具体的に見ていく。

（2）描画途中の劇化と身振り表現

　子どもが主体的に'描きながらイメージを広げていく'描画では，感情を伴った語り・発声やスピード感のある線，身振りなどがしばしば表れるということが多くの研究者や教育現場から報告されている。例えば Gardner, H. は，子どもの自由な描画活動を観察する中で，絵を描きながら語り（narrative）が盛んに行われる3歳児の事例や，絵による「象徴的劇遊び」が行われる5歳児の事例を報告している[9]。そうしたナラティヴ描画を描く子どもたちのことを Gardner, H. は「ドラマチスト」とよび，対象の物理的な特性（色，大きさ，形など視覚性）にこだわる描き方をする「パターナー」と区別している。「ドラマチスト」は言葉による物語の筋立てが優位になり，画面に表れる線は次第にストーリーを補足する表記手段としての役目を果たすようになることがあり，心の目に映ったシーンの正確な，あるいは想像力に満ちた図形的な描写としての役目は薄れていくという。このように Gardner, H. は描画途中の言葉による表出（語りやオノマトペ）の劇化について注目しているが，おそらくその過程で同時に見られたであろう身振りについては特記していない。

　描画中の身振りを伴う劇化については第8章でも触れたが，Luquet, G.H. の研究からもそのことが報告されている。Luquet, G.H. は「子どもは絵を描いていくらもしないうちに，自分がその絵を描こうとしたとか，自分が描

いたとかいうことを忘れてしまうという事実がある…(略)…自分の想像力にだまされて自分の作品を実際の事物と取り違えることがある」という。そして事例として，4歳の女児が「口に煙草をくわえた男の人を描いた直後に，ペン軸を逆さにして，あたかも火をつけるかのように絵のパイプの端にペンのにぎりを近づけた，この寸劇を経た後でやっと彼女は絵の中のタバコの端に火を描いた」という報告をしている[10]。この身振りについてLuquet, G.H.は子どもが'意図'したことを描くときに，「意図の記憶が内在的に弱く，かつ解釈が内在的に強い場合」におこるという考察のところで述べているが，身振り表現が描画の中でどういう意味があるのかまでは深く追究していない。

またVigotsky, L.S.は，身振りは「最初の視覚的記号」[11]であるとし，「子どもは絵を描いているうちに劇化に移ることがしばしばあり，絵で描かなくてはならないことを身振りで表現してしまう」という。その事例として，駆けっこを描こうとした子どもが指でその動きをなぞらえて紙の上に線や点をつけたこと，ジャンプを描く時に手でぴょんぴょん跳ねる動きをした後，紙の上にそれと同じ動きが描き残された例が紹介されている。

(3) シンボルの形成と身振り行為についての研究

前項で見てきたことは，子どもたちが絵を描くときに，視覚的な線や形だけではなく，語りや身振りの表現が同時に行われることがあるという報告であった。つまり初期の子どもたちは，画面に向かうときに，絵を描くことと他の種々の表現活動との境界があいまいのまま，'何か'あることを表現しているということである。こうした表現の仕方は，低年齢の時期独特の表現方法であるといえる。茂呂雄二はこのような子どもの描画における身振りや言葉などが渾然一体となった表現を「癒着した表現系」[12]と呼んだ。身振りは身振りとしてだけその場から取り出すことはできず，同じくその場で行われた紙面上の描画，発せられた言葉などはその場や文脈から切り離すことが

できずお互い癒着している。そしてその癒着した表現系のまま'何か'を表わそうとしている。これは，やがて子どもたちが図式，言葉，身振りなどのシンボルでそれぞれ独立した形で'何か'を表わそうとする前のシンボル形成過程に見られる独特な表現系であるといえる。

さて，Vygotsky, L.S. は，書きことばの成立過程を研究する上で，身振りに注目した。それは，身振りは空気中の文字であり，文字記号は定着された身振り[13]であるという捉え方である。そして身振りと文字記号の関連を考察する際，幼い子どもの描画行為と遊び行為に見られる象徴的な表現（シンボルの使用）について研究した。そこでは，身振りと描写との間に一定の類縁関係があることを示す Stern, W. の観察事例を紹介し，次のように説明している。「ある4歳児はカーテンをしめるとどのように暗くなるかを絵の中で示そうとして，ちょうど窓掛けを下げるかのように画面の上から下へ元気のいい線をひいた。」「描かれたその動きは，カーテンの紐を表わしているのではなく，それはまさにカーテンを引く動きを表わしているのである」[14]。以上のように，Vygotsky, L.S. は子どものなぐり描きから始まる初期の絵を身振りと考えていた。

また Werner, H. と Kaplan, B. は，子どもの描画の最も初期の形態であるなぐり描きは，身体動作の活用をとおして現われ，さらに身体活動の延長をとおして出現するという。そして Muchow の研究などを引用し，下記のような描画と身振りの関連を示唆する事例をあげている[15]。

・3歳児は，いくつかの直線図形が提示された後，円を描写するようにいわれると，まず頬をふくらませ，それから非常に大きな円を描いた。
・ある子どもは自分の前に提示された鋭角三角形を模写するようにいわれると，まず舌を前に突き出し，それから人差し指をさっと前に突き出す動作をしてから，鉛筆で紙を破いてしまうほど鋭くその鋭角を描いた。
・「ふちがとがっている」というような性質を，鉛筆を紙に食い込むほど押し付けたり，切るような筆使いをしたり，穴をあけるような動作をし

て描出する一方，対象の丸みは柔らかな筆使いで表わした。

　以上のような例を挙げ，Werner, H. と Kaplan, B. は「年少児がなぐり描きの段階から視覚内容の図画的表現の段階へ移行する過程には，目に見えたものを身振り的模倣に翻訳した上で描画するという段階があるように思われる」と述べている。しかし実際にこの移行段階を詳細に示した研究は行われていない。

（4）癒着した表現系

　以上見てきたことから，幼い子どもたちの描画場面では，単に円や形を描くだけではなく，身振りや言葉など他種の行為と一緒に何かを表わそうとすることが分った。これは言葉や図式，身振りが，ある象徴（シンボル）として単独で機能する前の段階の，全体を指し示すような特殊な表現（癒着した表現系）としてみることができる。茂呂雄二は癒着した表現系の特徴を下記のように三つにまとめている[16]。一つは，描画，言葉，身振りなど，その場で行われた活動が「場にくっついている」ということである。活動中に現われた描画，言葉，身振り等は，その活動の文脈において意味があり，活動後に，それぞれの意味を部分的に取り出すことができない。二つ目の特徴は，描画中の種々の行為の途中に意味が作られるということである。表出行為そのものが意味を持っており，そこでのシンボルの意味はあとから認められるに過ぎないものであるという。三つ目の特徴は，その場を構成する描画，語り，身振りなどが相互に依存しながら，そして相互に規定しあいながら交替しつつ出現するという。

　こうした，茂呂のいう癒着した表現系のことも含みながら，筆者の実践観察データや描画プロセス分析シートから身振りと図式の関連について次の節で実証的に考察していきたい。

第4節　実証的研究

(1) 調査の方法

　本来，身振り的な表現は描画の初期段階，すなわち感覚運動的な描画段階で行なわれるということが一般論である。しかし本研究でこれまで分かってきたことは，図式的表現期においても，動きのイメージが線や身振りとなり描画過程で出現するということである。したがって，身振りについて探る上で，図式期的表現期以前から図式的表現期の子どもの絵を同時に見ていく。

　図式期的表現期以前の調査として，これまで筆者は特定幼児Kを中心に，計6名の幼児を対象に0歳から5年間にわたる観察研究を行ってきたが，そこから得られた観察記録から身振りを伴う活動を抜き出し考察していくことにする。図式期的表現期の調査としては，描画プロセス分析シートから身振り表現を伴う描画の過程を断片的にとりあげ，身振りと図式の関連について考察していくことにする。今回身振りについて対象とする事例は，事例5（シート5／E子），事例8（シート8／H男），事例9（シート9／J男）である。これらの記録データから，下記の3点に整理して考察する。①感覚運動的描画期における身振りについて，②図式期における身振りについて，③身振り表現から描画表現への展開過程。

(2) 考察

①感覚運動的描画期における身振り

　多くの研究者が指摘しているように，描画の最も初期の形態はスクリブルであり，これは腕の運動を平面に投影させたものである。Werner, H. と Kaplan, B. は，子どもの描画は，その後の段階においてもこの種の身体運動と密接なつながりを持っているが，しかし，身体運動だけではなく，描出動作にもつながっていくという[17]。そうしたことは，筆者の観察研究では2歳児

期の子どもの描画から観察された[18]。表1は幼児Kが2歳4ヶ月時に, 18枚を一気に連続で描いたものの一部である。最初は今までどおり, 手の運動的なスクリブルであったが, 時々, 円らしきものが独立していく様子がうかがえる。③ではできた円形らしきものに, トントンと点を打って, 偶然に描いた円が何か特別のものを表わしていると思われた。次の紙では再びスクリブルとなる。この時期は感覚運動的なスクリブルと何かを表わす単独の円（描出動作）が混在していた様子がよく分かる。

さらに表2のL子の事例では, 独立した円が初めて描かれる瞬間に, 身振りが関わったことが示された。表2は1枚の絵が描かれる過程をビデオ撮影し, 筆者がコマ送りのようにはじめの4コマをイラストで描いたものである。最終的には⑤の作品結果になる。②の段階で, 偶然に線の終点が起点と重なり, L子はうれしそうに「くっついた！」と母親に伝えた。そして今度はペンを持たずに, 身振りで空中に円を描いた。そして③では反対周りの円を, 終点を微調整しながら描いた。それ以降は感覚的な線の繰り返しであった。この描画過程からは, 感覚的なスクリブルがきっかけとなり, 円（＝'何か'）が生まれ, それを確かめるかのように, 身振りが出現した様子がうかがえる。Werner, HとKaplan, Bのいう, 感覚的行為から描出活動に移行する瞬間で

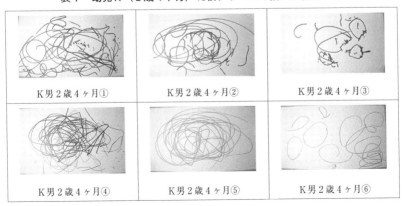

表1　幼児K（2歳4ヶ月）18枚シリーズで描いた絵の一部

214　第Ⅱ部　画面構成過程の臨床的研究

表2　幼児L子（1歳5ヶ月）の描画過程①〜④と結果⑤（矢印は線の方向を示すため筆者が画像上にメモとして書いたもの）

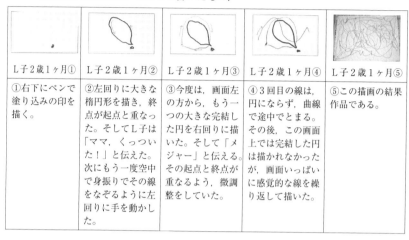

L子2歳1ヶ月①	L子2歳1ヶ月②	L子2歳1ヶ月③	L子2歳1ヶ月④	L子2歳1ヶ月⑤
①右下にペンで塗り込みの印を描く。	②左回りに大きな楕円形を描き、終点が起点と重なった。そしてL子は「ママ、くっついた！」と伝えた。次にもう一度空中で身振りでその線をなぞるように左回りに手を動かした。	③今度は、画面左の方から、もう一つの大きな完結した円を右回りに描いた。そして「メジャー」と伝える。その起点と終点が重なるよう、微調整をしていた。	④3回目の線は、円にならず、曲線で途中でとまる。その後、この画面上では完結した円は描かれなかったが、画面いっぱいに感覚的な線を繰り返して描いた。	⑤この描画の結果作品である。

表3　K男「ぐるぐるぺー」のシリーズ／イメージと手の動きの連動

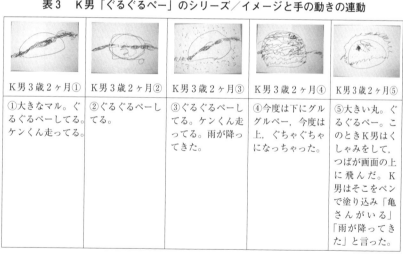

K男3歳2ヶ月①	K男3歳2ヶ月②	K男3歳2ヶ月③	K男3歳2ヶ月④	K男3歳2ヶ月⑤
①大きなマル。ぐるぐるぺーしてる。ケンくん走ってる。	②ぐるぐるぺーしてる。	③ぐるぐるぺーしてる。ケンくん走ってる。雨が降ってきた。	④今度は下にグルグルぺー、今度は上、ぐちゃぐちゃになっちゃった。	⑤大きい丸。ぐるぐるぺー。このときK男はくしゃみをして、つばが画面の上に飛んだ。K男はそこをペンで塗り込み「亀さんがいる」「雨が降ってきた」と言った。

あるともいえる。

　さて、図式が現れる前のスクリブル期に見られる身振りについてもう少し見てみよう。表3は観察幼児K男が3歳2ヶ月の時に描いた10枚シリーズの

一部である。記録では，この時期から話をしながら描くことが多くなっていた。このシリーズでは，同じような形態が並ぶが微妙に部分が少し違っている。これらを描く時Ｋ男は「ぐるぐるペー」という言葉を使った。それはＫ男の当時の生活から考えると，おそらく'うがい'をする時に口の中の「ぐるぐる」と水が動く様子と「ペーッ」と水を吐き出すことを思い浮べたらしい。これは途中で「走っている」「雨が降ってきた」と命名が変更されたが，再び次の絵では「ぐるぐるペー」に戻っている。いずれにしてもＫ男は自己の体験からの動きのイメージと手の動きとを連動させて身振り的に表わしている。さらにオノマトペのような言葉も同時に発していることから，茂呂のいう「癒着した表現系」によって，'あること'を表わしていると言えよう。さらに補うなら，作品結果としての図，「ぐるぐるペー」という言葉，感覚的に動かしている身振り的な線はどれも単独に見るだけでは，Ｋ男の表現しようとした'うがい'のイメージは決して伝わらないだろう。

　以上，感覚運動的描画期において，シンボルが形成される前の段階，シンボルが生まれる瞬間，図式ではないが'何か'を表現しようとする段階の絵を見てきた。一見感覚運動的スクリブルとして括られがちであるが，詳しく見ると純粋に手の運動やリズムなどを楽しむものと，シンボル的なものに分けられ，後者には身振りや言葉が同時に伴うことが分かった。

②図式期における身振り

　感覚運動によるスクリブル期から，単純な形に意味を見いだしていくシンボル期を経て，子どもたちは自分なりに，線や形を組み合わせたり操作したりする楽しみの中で，自分らしい図式を描くようになる。そして言葉の発達とともに，描画においても，話を展開するようにイメージを広げながら次々に画面に描き表わす叙述的性格の表現が多く見られるようになる。こうした絵では，動きの表現が多く出てくるので，描画の中にもその動きを身振り的な線で表現することがよく見られる。第4章では，図式期においても，叙述

的表現の中では動きの線が存在し、それは「身振り的触覚線」と呼べるような性質のものであることが考察された。また第8章では、実際の描画過程を分析する中で、図式を描きながら身振りを伴う子どもの姿が観察された。

表4の3枚の絵（図1、図2、図3）は、ちょうど図式期にさしかかる表現期から、図式期の子どもが、同じ保育内で雨の日をテーマに描いたものである。しかし、雨の描き方がそれぞれ異なっている。どれも雨をイメージしたものであるが、図1を描いた幼児は雨を身振り的な激しい線の繰り返しで表現している。おそらく、描画過程において、雨が激しく降る感情が動作や言葉の表現にも現われていたと予測される。一方、図3を描いた幼児は、身振り的な様相は多少見られるが、その雨は始点と終点が計画された、一種の記号的（図式的）な線で描かれていると言える。右下の水玉は特に一つひとつを丁寧に塗り込んでいる。そして、図2の表現は、図1と図2の中間に位置する。すなわち、身振り的な強さを感じる線で雨を表わした後、その線の先に雨粒のようなものを記号的に計画的に描いている。こうしたことは事例9（シート9）にも同じようなことが見られた。シート9のI男は、先に雨を身振り的に力強い線で描き、後で雪を記号的に描いた。

以上から言えることは、図式期の子どもは、癒着した表現系と図式表現が一つの画面に同時に現れることがあるということである。さらに、表4の3作品の比較から見えることは、図式や画面構図が計画的に描かれるほど、癒着した表現は少なくなり、図式というシンボルを積極的に使用した、落ち着

表4　雨の日をテーマに描いた3人の作品

図1　4歳児

図2　4歳児

図3　4歳児

いた（躍動性の少ない）画面構成になっているということである。

③身振りから描画表現への展開過程

　それでは，身振りなど癒着した表現系はどのように図式表現に展開あるいは関連していくのだろうか。それを調べるためには，図式を中心に描く前の段階（前図式期）の子どもや，動きのイメージを持ちながら描く子どもの描画過程を詳しくみていくことが有効であると思われる。

【事例8／シート8／H男】から

　シート8は年少児の描画過程で，未だ図式が定着していないが，物語性が存在すると思われる描画である。紙面の上下の関係は把握しており，紙を切って偶然にできた形をカエルにみたてるというシンボル表現は可能な時期の子どもである。シート8の作者H男は，⑤でカエルのような目と口のある生き物を三つ並べ，しばらく身振りや発声をしながら画面の上で指を移動させて遊んでいた。特に一番左のカエルに何回も指をさして何かをつぶやいているようであった（図4）。保育者がそばに行くとそのカエルは「泣いている」と言った。よく見ると一番左に貼った紙にあいた穴が涙のように見える。そのあとH男は，泣いているカエルの下の空隙に，指さしの身振りで勢いよくグルグルと渦巻きを描くような動きをした。その後ペンを持ってゆっくりと

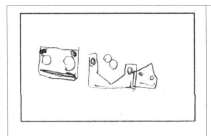

図4　シート8の一部⑤
H男は，この場面でしばらく身振りや発声をしながら画面の上で指を移動させて遊んでいた。

図5　シート8の完成図
右下にカエルが跳ねる線が描かれそのまま画面を徘徊した。

渦巻きを描いて視覚化した。この描いた渦巻きは，先ほどの身振りの勢いはなく，線が重ならないように目でコントロールして丁寧に描かれた。この事例からは，身振りが図式的な渦巻きに置きかえられたと捉えられる。しかしその渦巻きは，身振りそのものではなく，つまり直前に行なった身振りの勢いや即興性はなく，丁寧に計画して描かれたことが分かる（図5）。

その後このH男の描画では，⑨でもう一つの登場人物（カエルと思われる）が表れ，それが線となり，画面中を飛び跳ねたり徘徊したりしはじめる。飛び跳ねるときは，勢いよくギザギザの線が力強く描かれ，画面を歩くようなときは，ゆっくりと動くような線になった。

以上，シート8のH男の事例からは，3種類の非図式的な表現が現われた。一つは渦巻きグルグルの身振りそのものの動きである。もう一つはその身振り後に描いた身振り的ではあるがコントロールされた線である。三つ目は，カエルが動き回る身振り的な線をそのまま画面に表したものである。

【事例5／シート5／E子】から

事例5は，前章で描画過程の動きのイメージを考察する際に取り上げたシートであるが，ここではさらに，身振りと図式の関連を示すためにさらに詳しく考察する。

事例5は4歳児（E子）が丸形スタンプをきっかけに，滑り台で滑る自分を自由に描いた作品である。滑り台は単純な四角と線を組み合わせた図式になっており，滑る斜面の線は身振りのイメージ遊びをはさんで，2回に分けて描かれた。その描画過程の詳しい記録は下記のとおりである。

> E子は，滑り台の図式を描いたとたん（図6），画面の中に入り込んだかのように，指でその滑り台を滑るような動きを繰り返し，さらに，その手にパスを持ち，実際に斜面を滑るかのような勢いで，2本の線を延長して描いた（図7）。ちょうど最初に描いた斜面から線の始点があるので，身振りで遊ぶうちに，斜面が短いと思い斜面の図式を延長して描いたようにも見える。しかし描き方としては，はじめに描いた斜面の描き方と明らかに違い，追加された線は身振りの延長

第 9 章　身振りと描画表現の関連　219

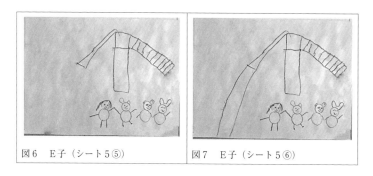

図 6　E 子（シート 5 ⑤）　　　図 7　E 子（シート 5 ⑥）

のような勢いで描かれた。

　この描画過程の記録をみると，子どもが描いている途中に身振り的表現による劇化が起こっている様子がよく分かる。E子は普段よく遊んでいる滑り台の図式から，滑る様子を連想し，図式の斜面を指の身振りで何回も滑って遊んだ。その後，滑り台の斜面を長く描き足したが，その斜面はまるで身振りの延長かのような勢いのある線になっている。

　さて，ここで先行研究で見てきた Werner, H. と Kaplan, B. の指摘を思い出してみよう。子どもは，「対象の特性を身振り的に抽出したものを，さらに描画に翻訳」[19]していると述べている。つまり，対象を描画によって表現する前に，動くイメージを身振りや身体動作によって一度作り上げ，その後，その動作を線や点で画面上に描く活動に移ると解釈できる。それでは，E子の場合（図 6，図 7）はどうであろうか。追加斜面としてあとから描いた 2本の線は身振りをそのまま動きの線で表わしているわけではない。身振りをそのまま線にすると，画面に対しては無計画になってしまう。しかし E 子の追加された 2 本の線の始点は，先に図式で描いていた斜面の端から整然と描かれていることが特徴的であることから，「半身振り的─半記号的」であるといえる。つまり，その場に癒着した線ではあるが，図式のようにある程度，計画と構造をもっている性質がうかがえる。Werner, H. と Kaplan, B. のい

うように，身振りを描画に翻訳しているといえる。

④癒着した表現系の分化過程

　以上のことをまとめると，描画過程で動きのイメージを表わすときに，身振りから概念的な描画表現に移行する段階として四つの段階を仮定することができる。第1段階は，描画中に行われる，描出はされない身振りそのものである。シート5の⑤の場面，シート8の⑤の場面においては，子どもが指を空中で動かして遊んだ段階である。この場合，痕跡は残らない。第2段階は，身振りの動きをそのまま画面上で実現し，線や点が痕跡として残るような描き方の段階である。その線や点は，身体動作と一体になった表現であるので感情移入され，視覚的コントロールは薄いものである。時に紙面から出る場合もある。これはシート8の⑨〜⑪場面（図5）でのカエルが画面を飛んだり歩いたりする線が現われた。また表4①の雨の表現でみられたような，感情を伴う癒着した表現系の描出である。第3段階は，身振り的ではあるが，身体動作そのものから少し分離し，視覚による操作，調整がある程度機能する段階である。事例8（シート8）⑥場面の，身振り後に慎重に描いた渦巻き線や，事例5（シート5）⑥場面の滑り台斜面の線は多少の視覚による操作が入っている，半身振り－半記号的表現であると捉えられる。そして第4段階では，身振り的要素や感情移入はなく，記号的な線，あるいは概念的な表現で描くようになると考えられる。

　以上のことは，茂呂雄二のいう，癒着した表現系が分化していく過程であると考えられる。このことをまとめたものが表5である。第1段階から第4段階は，発達に沿って可能になる描出方法であるが，今回見てきたように，第4段階の描出が可能な子どもも，第1段階から第3段階の描出表現を行うことがある。図式的表現期において描くことを楽しんでいる子どもはむしろ，それぞれの段階の要素を取り入れながら表現しているのではないだろうか。

表5　癒着した表現系の分化過程（○あり，×なし）

	痕跡	視覚的コントロール	身体動作と一体	感情移入
第1段階 （描画中の身振りそのもの）	×	×	○	○
第2段階 （身振りをそのまま画面に描出）	○	×	○	○
第3段階 （半身振り－半記号的表現）	○	○	×	○
第4段階（記号的な線，図式）	○	○	×	×

第5節　まとめ

　本章では，「癒着した表現系」の概念を手がかりに，子どもの描画過程における身振り表現について，感覚的運動期と図式的表現期に分けて考察した。感覚的運動期における描画は，どれも同じスクリブルとして括られがちであるが，詳しく見ると純粋に手の運動やリズムなどを楽しむものとシンボル的なものに分けられ，後者には身振りや言葉が同時に伴うことが分かった。図式的表現期の子どもは，癒着した表現系と図式表現が一つの画面に同時に現れることがあるということが分った。また図式や画面構図が計画的に描かれるほど癒着した表現は少なくなり，図式というシンボルを積極的に使用した，落ち着いた（躍動性の少ない）画面構成になっていくことも確認できた。そして癒着した表現系が分化し，概念的な表現として自立していく過程を四つの段階で示すことができた。

　さて，本章では，図式や記号的な線が身振りの延長から生まれるということを述べているのではない。ただ，図式と身振りは全く別に捉えるのではなく，図式が定着する前の段階や，叙述的表現のような時間の流れとともに図式を変化させていく必要性がある場合，身振り的表現は図式の発展（バリエ

ーション化，概念崩し）に影響を及ぼす可能性があることが考察できたと思われる。

第9章　引用文献

1) Luquet, G.H., 1927, *Le dessin enfantin*. Paris:Alcan（G.H. リュケ『子どもの絵―児童画研究の源流』須賀哲夫監訳，金子書房，1979）
2) Gardner, H., 1980, *Artful scribbles: the significance of children's drawings*. Basic Books（H. ガードナー『子どもの描画〜なぐり描きから芸術まで』星三和子訳，誠信書房，1996）
3) Vygotsky, L.S.,『文化的・歴史的　精神発達の理論』柴田義松監訳，学文社，1960.
4) 田中義和『描くあそびを楽しむ』ひとなる書房，1997.
5) 栗山誠「図式期における子どもの描画過程にみられる動きのイメージ―視覚的文脈と物語的文脈に注目して―」『美術教育学』第34号，2013，pp. 177-189
6) Werner, H., Kaplan, B., 1963, *Symbol formation an organismic-developmental approach to language and the expression of thought*. John Wiley & Sons Inc.（H. ウェルナー・B. カプラン『シンボルの形成』柿崎祐一監訳，ミネルヴァ書房，1974）
7) 山形恭子『初期描画発達における表象活動の研究』風間書房，2000.
8) 茂呂雄二『なぜ人は書くのか』東京大学出版会，1988.
9) Gardner, H., 前掲書，pp. 140-141
10) Luquet, G.H., 前掲書，p. 48（文中の（略）は，本文が長いため筆者が略したという印である。）
11) Vygotsky, L.S., 前掲書，p. 230
12) 茂呂雄二，前掲書，p. 14
13) Vygotsky, L.S., 前掲書，p. 230
14) Vygotsky, L.S., 前掲書，p. 231
15) Werner, H., Kaplan, B., 前掲書，p. 92
16) 茂呂雄二，前掲書，p. 18
17) Werner, H., Kaplan, B., 前掲書，p. 92
18) 栗山誠「初期描画活動における幼児の思考とことばの関連―Vygotsky の混同心性に注目して―」『生活科学研究誌』Vol. 7，2008，pp. 191-205
19) Werner, H., Kaplan, B., 前掲書，p. 92

終　章

第1節　描画のリアリティについて

　本研究では，図式的表現期における画面構成過程で，子どもは何を体験しているのか，特に子どもが感じる面白さ（＝リアリティ）とは何かを追求すべく，考察してきた。その際，視覚的文脈と物語的文脈を手がかりにすることによって，描画過程で子どもにとってどんな意味が立ち現れ，描画が展開されるのか，どのように継続されていくのかが見えてきた。

　このリアリティをひとことで言うと「感情や感覚がともなう迫真性のある体験」ということができる。私達は生活のいろいろな場面で，上記のような体験をしているが，具体的にはどのような時に「感情や感覚がともなう迫真性のある体験」が起こるのだろうか。例えばそれは，様々な体験や現象から自分にとっての意味が立ち現れた時に，私達の心（身体）は反応し，何らかのアクションを起こすことになるだろう。その時，感情が関わることがある。また知覚レベルで何かに反応し感覚的に行為を充実させていることもある。こうした反応行動によって目の前の対象（環境）が変化することになる。そして，さらにその状況変化を察知し，感情的，感覚的な行為が循環的に繰り返される。このように対象（環境）に関わり続ける時間の中で，自己と対象との境界が曖昧になり，自分の行為とそれにともなう対象（環境）の変化を一体的に体験しているということができる。

　それでは本研究において，描画過程のリアリティはどのように説明できるのかここで整理する。本研究では子どもは画面上の視覚情報を解釈あるいは知覚することが，次の行為の始まりになるという，継続の循環プロセスを見

てきた。その中で大きく二つのことが，描画の面白さとして見えてきた。すなわち一つは，描画過程で画面上の視覚情報の意味が変化し続けていくという面白さである。特に本研究では図式的表現期の描画を主に対象にしてきたが，この時期では，画用紙という物理的に限定された空間に描く中でこその意味の進展があることが分かった。つまり子どもは絵を描く時，描きたい部分に絵を描くだけでなく，紙面全体も意識するようになる。自己の興味ある思いを集中して描いていたが，ふと，全体のスペースや描かれたもののつながりなどを意識した時に，その部分と全体との兼ね合いから，今描いている部分の意味が変化したり，全体の物語的内容が変化したりしていくのである。また別の部分に描いた内容と融合させたりして物語が，柔軟に展開されていくのである。こうしたことは最初から計画して描こうとしたものではなくて，その時，その場において意味が生成される面白さ（リアリティ）があると思われる。

　描画の面白さとしてもう一つ見えてきたのは，動きのイメージや時間の経過を，画面の中で自由に展開できるというリアリティである。では，二次元の画面空間の上で，動きや時間の経過のイメージをどのように表現するのか。未だ幼い時期の子どもは身振りで空中に動きを表現するのと同じく，画面上でも動くイメージをそのまま描出することを楽しむ。つまり，図式として定着されていない身体感覚を多く含む線や形で時間の経過そのものを表現しているといえる。その際，視覚的表現，言葉による表現，身体的な表現などが一体となった素朴な表現（癒着した表現系）でその場を楽しむのである。

　そして，記号的な図式を扱う時期の子どもはどのように時間の流れを表現しているかというと，画面の物理的空間の限界があるにも関わらず，図式や構図（画面空間の捉え方）を場面に合わせて自由に変形・操作している姿があった。つまりこの時期でも描画を楽しむ子どもは，固定的な図式や様式からも解放されているということである。描きながらイメージを広げるような叙述的な描画過程では，映像のような動くイメージは，時間の流れに沿って描

かれることが理想である。そこでは固定図式は物語の流れの速さに合わせて簡略化されたり，感情と直結した動きの線が同時に描出されたりするのである。そして，これまで描いていた図式が動きに合わせて柔軟に変形発展する可能性も見てきた。また登場人物が物語に沿って一枚の画面上に何度も描かれたり，異なる場面の様子が，一枚の画用紙のあちこちに描かれたりする方法において，その時，その場の臨場感を表していた。

さて，図式的表現期の子どもが描画に消極的になる事について序章で述べたが，それはリアリティを感じられないということであろう。それに対する指導法として本研究から言えることは，物語性を活性化させる工夫の必要性が挙げられる。子ども独自の物語，イメージ遊びの中で絵が描けるよう，導入や言葉がけ，あるいは環境を工夫することが必要である。また，画面の視覚的要素を意識させるような言葉がけや教材作りも有効であろう。色，形，配置，バランス，大きさなどの情報の読み取りから展開できる描画への関わりが楽しさを引き出すと思われる。このように物語的文脈と視覚的文脈の絡み合いの中で子どもの表現が紡ぎ出されていくことが本研究で確認されたことである。

子どもの描画表現に関わる教師・保育者は，たとえ大人の理論からは理解できない表現があったとしても，そこでは画面に描かれる情報（点，線，図，空隙，大きさ，強弱）や，その場で起こる出来事（身振り，発声，コミュニケーション）など，全てが，その子ども独自の物語の要素であることを認識することが大切である。その上で，指導，あるいは支援を行なうことが必要である。そうすることにより，今まで理解不明であった，子どもの描画の意味が見えてくると思われる。

第2節　図式期の描画の捉え直し

子どもの表現様式（描画行為）には，二つの様式がある。一つは，自ら描

けるものを超えて，新たな図式や構図を取り入れようとする，非連続的な表現様式（＝リアリズム）である。例えば，他者から新たな描き方を教えてもらったり，何かを模倣したり，また観察することにより，新たな空間意識の発見として達成される描画行為である。もう一つは，子どもは自ら「描けるものを描く」というように，持続・反復という同一性・連続性の原理において働く様式である。子どもは何度も同じ技法で描き，その反復の中で自分の様式を確立していく。そして子どもの絵画は，自らの絵画に連続していくものであって，そういう絵画の連続がまさしく子どもの成長を表す個人史，その子らしい表現となる。そうした描画様式のことを「マニエリスム」と呼ぶ。

　こうして，子どもの絵の発達画期には，「新たな空間を発見する」非連続面と，「自分の様式に基づいて世界を表現していく」連続面が交互に現われることになるが，両者の様式は，表現様式における二つの方法の違いであり，絵画では必ず，この二つの描き方を必要とする。従来の児童画研究では，図式期については，人物，事物などの具象物を形態概念（図式）として獲得する時期であるので，それを駆使して表現をするリアリズム意識だけが取り上げられてきた感がある。この場合，子どもが持つ形態概念の豊富さが，イメージを表現する描画活動の意欲に関わってくるということになる。

　しかし，図式期は，上記のように，自分の様式を繰り返し，独自の表現を楽しむ時期でもあることに注目したい。本研究からは，図式的表現期に，描画を楽しむ子どもは，リアリズムの目覚め，すなわち，新たな空間の発見とその操作を習得しながらも，前の発達画期から「描けるものを描く」という自分特有の表現様式（マニエリスム）を継続し，その様式を自分なりに完成，発展させることに喜びや楽しさを感じていることが明らかになった。子どもが描く描画の中には，視覚的リアリズムという大人の一元的な価値基準には回収し得ないマニエリスム，すなわち‘児童画のロゴス’が見出されるのである。

　以上述べてきたことを踏まえて，今回の研究の範囲を分りやすく示したも

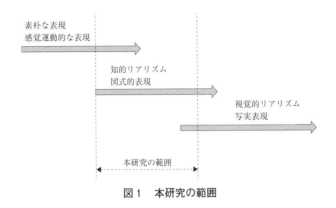

図1　本研究の範囲

のが図1である．点線の矢印の部分が本研究の範囲である．本研究では図式的表現期の子どもの描画過程が対象であるが，前の発達画期から引き継がれる描画様式と，それ以降に現れる視覚的リアリズム意識が重なる要素も持っている．描画に楽しみを見出している子どもの観察からいえることは，図式は視覚的リアリズムに向けて一直線で高度化するのではなく，状況に応じて，自由に更新できるように即興が行なわれるということ，さらに図式を超えて，身振りや発声など身体性に基づく表出が同時に発現されるということ，総じて，図式的表現期を過ぎても絵を描き続ける子どもは，こうした図式表現の柔軟性を獲得しているということとなる．

第3節　今後の課題

本研究では，描画を単に「絵を描く」という一般的な意味で捉えるのではなく，ものに関わる人間の行為と表現の問題として捉えることができた．こうした視点は，子どもの遊びなど多方面の研究に応用することができると思われるので，今後，子どもの活動全般に広げて研究していきたい．

本論では，子どもの描画過程を10の事例を中心に考察してきた．この10人

の描画過程の中だけでも新たな発見があったと思われるが，さらに多くの子どもの描画過程を分析することによって，今回明らかになったことがより客観的なデータとなり，信頼性を獲得することになると思われる。またさらなる発見につながる可能性もある。なぜなら，本論で見てきたような，描画過程を記述していく詳細な研究はほとんど，先行研究ではまだ見られないからである。そういう意味でも，今回筆者が発案した「描画プロセス分析シート」を現場レベルで使用できるよう，改良の必要性を感じる。本研究に使用した分析シートは，観察後に，その作成に時間を要するので，その問題が解決されなければならない。録音した会話音声を文字に起こすように，録画した映像を画像も含めて紙面上に記述していくにはそれなりの労力と時間がかかるのは仕方がないが，それでももう少し簡易化する方法を見出す必要があると感じる。

　本研究で大きく取り上げなかった課題としては，描画過程における色彩の効果の検討がある。描画プロセス分析シートの中では，語り途中に使用する色が物語の方向を変化させた事実も確認されている。今回の研究では画面上に描く手順や，描かれたもののバランスなどから視覚的文脈について考察したが，同じように，色彩と子どもの心理について研究した上で，再度，画面構成過程を調査する必要を感じる。そうすることにより，画面上の情報としてバランス，大きさ，形態独自の雰囲気，色彩が，描画内容の方向を左右する要因（きっかけ）となり得ることが証明されることになる。

　さて，本研究は図式的表現期に限って行なったが，描画活動は乳児期から大人になるまで，一生涯関わることが可能なものである。そこで，他の年齢期における描画過程の体験について調査することにより，人間の表現行為をより深く考えることにつながると思われる。

　最後に今回明らかになった描画過程における子どもの体験の意味が，教育・保育現場でどのように生かされるか，今後はその具体的な方法論やカリキュラムを研究する必要があると感じている。

あとがき

　本書は，2015年3月に大阪市立大学に提出した学位論文『図式的表現期における子ども理解に関する研究〜描画過程に発現する視覚性・物語性・触覚性に着目して〜』に若干の加筆修正を加えてまとめたものであり，このたび独立行政法人日本学術振興会平成28年度科学研究費助成事業（科学研究費補助金）（研究成果公開促進費　課題番号16HP5228）の交付を受けて出版するものです。

　研究をまとめるにあたり，多くの方から指導・助言・協力・激励をいただきました。特に，8年間にわたって終始あたたかい激励とご指導，ご鞭撻をいただいた大阪市立大学生活科学研究科教授の中井孝章先生には心より感謝申し上げます。そして，大阪教育大学名誉教授の花篤實先生からは子どもの発生的な遊びから研究を組み立てる視点を教えていただき，それが本論文の基礎になりました。厚く感謝申し上げます。

　また，この論文を書く間，職場では仕事の面でご迷惑をおかけしたにもかかわらず，励まし，協力していただいた大阪総合保育大学の学長，学部長はじめ，各教員の皆様にも深く感謝申し上げます。

　本研究は約20年間の私の現場の関わりから見出されたものを理論としてまとめたものです。その意味では，それまで関わってきた，多くの子どもたちや，協力いただいた幼稚園，保育園の先生の皆様に深く感謝申し上げます。特に私の2人の子どもや，帝塚山造形絵画教室キッズアートの子どもたちからはたくさんの絵をいただきました。

　そして，本論文は家族の協力なしには完成できませんでした。支えてくれた妻と2人の子どもへの感謝は言葉にできないほどです。ありがとうございました。

上記の他にも多くの方々のこれまでのご協力があってこそ，本論文が完成しました。本研究をさらに進展させ，今の時代を生きる子どもたちの，創造的な表現が保障される環境をつくっていけるようがんばっていきたいと思います。

　最後に，本書の刊行を御快諾下さった風間書房の風間敬子氏ならびに編集の労をとって下さった斉藤宗親氏にはたいへんお世話になりました。心から感謝申し上げます。

2016年12月

栗山　誠

著者略歴

栗山　誠（くりやま　まこと）

1992年　大阪市立大学文学部（社会学）卒業
1995年　大阪教育大学大学院教育学研究科（美術教育学）修士課程修了
2013年　大阪市立大学大学院生活科学研究科博士後期課程単位取得満期退学
2015年　博士（学術）（大阪市立大学）学位を取得
2015年　大阪総合保育大学教授

主な著書：「描画を楽しむ教材と実践の工夫」（単著，明治図書）
　　　　　「新造形表現」（共著，三晃書房）
　　　　　「保育内容　表現」（共著，みらい出版）

図式的表現期における子どもの画面構成プロセスの研究
―視覚的文脈と物語的文脈に着目して―

2017年2月10日　初版第1刷発行

著　者　　栗　山　　　誠

発行者　　風　間　敬　子

発行所　　株式会社 風　間　書　房
〒101-0051　東京都千代田区神田神保町1-34
電話 03(3291)5729　FAX 03(3291)5757
振替 00110-5-1853

印刷　太平印刷社　　製本　高地製本所

©2017　Makoto Kuriyama　　　　　　　NDC 分類：370
ISBN978-4-7599-2162-5　Printed in Japan
JCOPY〈(社)出版者著作権管理機構 委託出版物〉

本書の無断複製は，著作権法上での例外を除き禁じられています。複製される場合はそのつど事前に(社)出版者著作権管理機構（電話 03-3513-6969，FAX 03-3513-6979，e-mail: info@jcopy.or.jp）の許諾を得てください。